Veronika Wengert

111 Orte in Slowenien, die man gesehen haben muss

111

emons:

Bibliografische Information der Deutschen Nationalbibliothek
Die Deutsche Nationalbibliothek verzeichnet diese Publikation in der Deutschen Nationalbibliografie; detaillierte bibliografische Daten sind im Internet über http://dnb.d-nb.de abrufbar.

Gestaltung: Eva Kraskes, nach einem
Konzept von Lübbeke | Naumann | Thoben
Kartografie: altancicek.design, www.altancicek.de
Kartenbasisinformationen aus Openstreetmap,

Druck und Bindung: Himmer GmbH Druckerei & Verlag, Augsburg
Printed in Germany 2021
ISBN 978-3-7408-1083-2
Originalausgabe

Vorwort

Slowenien – das sind weiße Alpengipfel, smaragdgrüne Flüsse, sanft geschwungene Weinberge und südliche Leichtigkeit an der Adriaküste. Kurzum: Hier finden sich viele Lieblingsplätze, die es zu entdecken gilt. Dieses kleine Land ist voller Überraschungen und spannender Geschichten. Da gibt es die Krainer Wurst, die schon mal ins Weltall geflogen ist, oder einen Verein, der sich für die Bratkartoffel als Hauptgericht einsetzt. Und mal ehrlich, welches Land der Welt hat schon einen Trinkspruch als Nationalhymne, der einem in Ljubljana sogar zu Füßen liegt?

Nicht alle Orte sind jedoch das, was sie auf den ersten Blick scheinen. Das alte Peepshow-Etablissement in Celje ist eine Kunstgalerie, die Treppen in Maribor sind Weltrekord-Stiegen, und das Touristenhotel in Postojna diente als geheime Abhörzentrale, was nicht einmal der Architekt ahnte.

Wer entlang der Staatsgrenzen reist, die im vergangenen Jahrhundert mehrmals neu gezogen wurden, staunt über besonders viele skurrile Orte. Auf dem Friedhof von Miren, den man sich zu jugoslawischen Zeiten mit Italien teilte, schmückte früher Stacheldraht die Gräber. An der österreichischen Grenze kann man im »Niemandsland« übernachten, beim ungarischen Grenzposten auf einen vergessenen Militärturm klettern, und dort, wo Kroatien beginnt, weiden Wasserbüffel in den Lagunen einer alten Zuckerfabrik.

Bei der Arbeit an diesem Buch bin ich auf einen Liebesturm geklettert, barfuß über einen Muschelfriedhof gehüpft, und nun weiß ich auch, dass sich der Himmel über Ljubljana in 53 wunderbaren Blautönen zeigen kann. Lassen Sie sich von meiner Begeisterung für das Land und seine gastfreundlichen Menschen anstecken! Das Buch soll Sie inspirieren und spannende Orte erleben lassen – gleich 111 Mal!

Herzlich, Ihre Veronika Wengert

111 Orte

1 Die Muscheldüne

Der Friedhof der Muscheltiere

Aus der Ferne wirkt der Strand bei Ankaran, als sei reichlich heller Sand aufgeschüttet worden. Erst wenn man sich ihm nähert, erkennt man: Es sind winzige Muscheln und Schnecken! Unzählige weiße Kalkschalen bedecken die Adriaküste und ziehen sich – länger als ein Fußballfeld – am Ufer entlang. Ein unscheinbares Holzschild mit der Aufschrift »Pokopališče školjk« erinnert den Besucher daran, dass er sich gerade auf einem Muschelfriedhof befindet. Das kleine Paradies versteckt sich ein wenig: Südlich grenzt der Seehafen von Koper an, westlich trennt ein schmaler Holzsteg die Muschelwüste von schaukelnden Segelbooten, während nördlich Bolzplatz und Parkplätze zwischen der Muscheldüne und der Ufermagistrale liegen.

Läuft man über die Muscheldüne, knirscht es unter den Füßen. Man kann mit den Händen hineingreifen und spürt spitze Ecken, runde Windungen. Jede einzelne sieht irgendwie anders aus: Da gibt es Herz-, Pilger- und Venusmuscheln, Stumpfe Stachelschnecken, Pelikanfüße oder Seeohren – 234 verschiedene Arten wurden hier bislang gezählt.

Doch woher kommen eigentlich die vielen weißen Schalen? Der Muschelfriedhof entstand vor gut 30 Jahren, als der Hafen von Koper ausgebaut wurde. Beim Aushub wurde eine Menge Meeresboden aufgewirbelt, der sich durch die Strömung in der Nähe der Mündung des Flusses Rižana in die Adria anlagerte. Der Schlamm wurde im Lauf der Zeit weggespült, die Schalentiere blieben jedoch an Land zurück – so entstand die Muscheldüne. Trotz der Nähe zum Hafen Koper gilt sie als Naturreservat, mehr als 30 Vogelarten lassen sich hier beobachten.

Für Kinder heißt es nun allerdings: Tapfer sein! Man darf die vielen winzigen Muscheln zwar anfassen, sie aufeinandertürmen oder darin buddeln, doch sie als Urlaubserinnerung mitzunehmen, ist nicht erlaubt! Ein schönes Selfie vor weißer Muschelkulisse tröstet sicher ein wenig darüber hinweg.

Adresse Školjčišče / Pokopališče školjk, Jadranska cesta, 6280 Ankaran | Anfahrt ab Koper der Regionalstraße 406 nach Ankaran folgen, kurz nach Ortsbeginn auf Höhe der Jadranska cesta 15 beim gelben Schild »Sv. Katarina« links in Richtung Meer abbiegen, beim Sportplatz parken, in Richtung Meer links halten | Tipp Auf der einzigen Salzwiese entlang der slowenischen Adria gibt's noch mehr Muscheln und Schnecken zu bestaunen. Nach 20 Minuten Fußmarsch in Richtung Ankaran ist man angekommen, die Wiese liegt zwischen Sveta Katarina und Sveti Nikola.

2 Der Fischweg

So naturbelassen war noch keiner vor ihm

Wer Kinder im Vorschulalter hat, weiß, was Schwungübungen sind: Mit den wellenförmigen Schlangenlinien wird schon mal für die »richtigen« Buchstaben geübt. Am Fluss Save (Sava), östlich von Sevnica beim Dorf Arto, entdeckt man solche Formen in der Natur: Ein gewundener Bach in »S-Form« schlängelt sich parallel zum Fluss Save unterhalb des Wasserkraftwerks Arto-Blanca. Der Bach ist der erste naturbelassene Fischweg seiner Art in Slowenien.

Ist das Wasser klar, kann man dort prima Fische beobachten: Welse, Barben, Döbel und Co. sind hier zu Hause. Darüber, welche Arten sonst noch diese Gewässer bevölkern und wie sie leben, informieren Hinweistafeln am Ufer. Damit sich das Wasser im Bachbett im Sommer nicht allzu sehr erwärmt, wurden schattenspendende Bäume gepflanzt. Ein friedliches Stück Natur – und der komplette Kontrast zur mächtigen Beton-Staustufe nebenan.

Neun Höhenmeter müssen die Fische hier in der Save überwinden, um zu ihren Laichplätzen zu gelangen, etwa in den Fluss Mirna bei Boštanj. Ohne Fischweg wäre das nicht möglich. Damit der Übergang möglichst sanft vonstattengeht, umfasst der Fischweg neben dem naturbelassenen Abschnitt noch zwei weitere: einen zweistufigen Einlaufkanal mit Kammern, später auch einen Auslaufabschnitt. Der örtliche Anglerverein kümmert sich um die Wasserbewohner. Bis zu 30 Stunden pro Woche säubern die Fischer den Bach von Laub und Ästen oder beobachten die Fischpopulation mit Hilfe von Unterwasserkameras.

Über ein Drittel der Stromgewinnung in Slowenien wird durch Wasserkraft erzeugt. 2008 kam es ganz in der Nähe zu einem schrecklichen Unfall mit 13 Toten. Die Opfer hatten sich mit einer Kanufahrt vom schnellen Lauf der Save verabschieden wollen, ehe das Kraftwerk Arto-Blanca an den Start ging, und wurden von den Wassermassen mitgerissen. Über die Schuldfrage wurde viel diskutiert, der Fluss schweigt sich darüber aus.

Adresse Hidroelektrarna (HE) Arto-Blanca, Arto 23, 8293 Sevnica, www.he-ss.si | Anfahrt ab Sevnica der Regionalstraße 5 nach Osten in Richtung Krško folgen, nach 8 Kilometern Wasserkraftwerk auf der linken Seite | Öffnungszeiten jederzeit zugänglich | Tipp Die Anlage HE Arto-Blanca bildet mit drei weiteren Wasserkraftwerken in Boštanj, Krško und Brežice eine Kette am Unterlauf der Save. Wer mit dem Auto unterwegs ist, kommt an allen drei modernen Anlagen entlang der Save und an Sloweniens einzigem Atomkraftwerk in Krško, das man sich mit Kroatien teilt, vorbei.

3 Das Avsenik-Stammhaus

Die Wiege der »Original Oberkrainer«

Flink huschen die Finger über das Akkordeon: Was wie traditionelle Volksmusik klingt, ist erst 1953 entstanden – der beschwingte Sound der »Original Oberkrainer«. Damals vermischte Slavko Avsenik (1929–2015) Walzer, Blasmusik und reichlich Polka miteinander. Das Harmonikaspielen hatte sich Avsenik, damals noch Skispringer, beim Militär selbst beigebracht. Gemeinsam mit seinem Bruder Vilko (1928–2018) und drei weiteren Musikerkollegen gründete er das »Gorenjski kvintet«. Zur Bühne wurde das Familiengasthaus der Avseniks im Dörfchen Begunje bei Bled.

Dass der »Original Oberkrainer Sound« in Deutschland, Österreich und anderswo so populär wurde, ist vor allem Fritz Rauch zu verdanken. Der Sprecher des Bayrischen Rundfunks machte im Sommer 1955 Urlaub am Wörthersee und hörte die Sendung »Slowenische Stunde« auf Radio Klagenfurt. Die ungewohnten Melodien begeisterten ihn so, dass er die slowenischen Musiker prompt ins Studio nach München einlud. Im Radio stellte er sie als »Oberkrainer Quintett« vor. Das Instrumental »Na Golici« (Auf dem Berg Golica) wurde – für deutsche Ohren einprägsamer – zum »Trompetenecho«. Es ist eine Erfolgsgeschichte: Die Melodie gilt als das meistgespielte Instrumental aller Zeiten!

Mehr als 30 Millionen verkaufte Tonträger, Tausende von Konzerten und über 100 Alben, das ist die Bilanz der »Original Oberkrainer«, die man in Slowenien als »Avseniki« kennt. 1993 übergab die erste Generation das musikalische Zepter an die Kinder und Enkel, die den Sound weiter pflegen. Am Stammsitz in Begunje, wo im Restaurant getanzt wird und gern Reisebusse mit deutschsprachigen Fans stoppen, gibt es ein kleines Museum mit Goldenen und Platin-Schallplatten sowie Fotos und Erinnerungsstücken an diese beispiellose Musikkarriere. Slavko Avseniks letzte Brille wirkt dort, als würde der Musiker gleich wieder zurückkehren, um schnell noch ein paar Takte zu spielen.

Adresse Gostilna-restavracija in muzej Avsenik, Begunje na Gorenjskem 21, 4275 Radovljica, www.avsenik.com | **Anfahrt** A 2, Ausfahrt 3 Lesce-Bled, der Beschilderung knapp 4 Kilometer bis zum Straßendorf Begunje folgen | **Öffnungszeiten** Museum: Di–So 11–17 Uhr, Restaurant: Di–Sa 11–22 Uhr, So 11–20 Uhr | **Tipp** Das malerische Schuhmacher-Städtchen Tržič zehn Kilometer östlich lohnt einen Abstecher. Dort gibt es den größten Rosenkranz der Welt in Form eines Pilgerwegs sowie ein Gedenkzimmer für die US-Astronautin Sunita Williams, deren Großmutter aus der Region stammt.

4 Titos Oldtimer

Luxuskarossen für den Präsidenten

Er liebte den Luxus. Mit weißem Anzug und Zigarre im Mundwinkel ließ sich Josip Broz, genannt Tito, gern ablichten. Der jugoslawische Staatspräsident auf Lebenszeit umgab sich häufig mit Stars und Sternchen. Dabei pflegte er eine Lebensweise, die – und das ist noch nett gesagt – den Staatssäckel arg strapazierte. Seine Berater rechtfertigten Titos Lebensstil damit, dass er ja repräsentativ sein müsse. Zu seinen Schwächen gehörten Autos: große, mit eleganten Flügeln, dicken Polstern und glänzendem Lack.

Titos Sammlung kann man heute besichtigen. Fast ein wenig versteckt, ohne laute Ankündigung, finden sich stolze 13 Protokoll-Karossen im Slowenischen Technikmuseum, das in einem ehemaligen Kartäuserkloster untergebracht ist. Ein eigener Raum mit Fototafeln und imposanten Autos. Dort steht ein Rolls-Royce Silver Wraith, Baujahr 1952, hier ein Cadillac Fleetwood, den Tito als Kriegstrophäe von einem sowjetischen Marschall erhalten hatte. Die beiden sowjetischen ZIS-115-Modelle kamen anlässlich eines Staatsbesuchs von Nikita Chruschtschow mit einer sowjetischen Delegation nach Jugoslawien und blieben als Staatsgeschenk. Ihre Panzerscheiben sind 75 Millimeter dick, die Türen aus Spezialstahl.

Ein Mercedes 540K ging nach der Kapitulation der Nazis in den Besitz Titos über, das Auto war vom Oberbefehlshaber Südost ab 1943 genutzt worden. Ein gepanzerter BMW 750 iL wurde im Bosnienkrieg von slowenischen Diplomaten in Sarajevo gefahren, bis 2005 stand er im Dienst der slowenischen Botschaft in Israel.

Tito verreiste übrigens am liebsten mit seinem Blauen Zug, der heute in Serbien an Hochzeitsgesellschaften vermietet wird, sowie seiner Yacht Galeb, die bald im kroatischen Rijeka ein Museum wird. Sein erstes Auto war ein Ford Eiffel, den Tito »Mickey Maus« nannte und mit dem er 1941 Ljubljana besuchte. Später ließ er sich jedoch immer von einem Chauffeur fahren.

Adresse Tehniški muzej Slovenije (TMS), Bistra 6, 1353 Borovnica, www.tms.si | Anfahrt A 1, Ausfahrt Vrhnika, der Beschilderung Borovnica/Bistra sowie zum Museum etwa 4,5 Kilometer folgen | Öffnungszeiten Juni–Aug. Di–So 9–19 Uhr, März–Mai, Nov.–Dez. Di–Fr 8–17 Uhr, Sa, So 9–19 Uhr, Jan., Feb. geschlossen | Tipp Das moderne Kulturzentrum von Vrhnika erzählt die Geschichte des Flusses Ljubljanica. Highlights sind ein 2.000 Jahre altes Holzboot und eine Kopie des ältesten Holzrades der Welt, das man im Moor von Ljubljana gefunden hat (Tržaška cesta 32, www.visitvrhnika.si, Di–So 10–18 Uhr).

5 Der Rübenkeller

Weinflaschen im Pannonischen Meer

An knorrigen Rebstöcken vorbei schlängelt sich der Asphalt zum Anwesen der Familie Najger im Weiler Brezovica bei Bizeljsko an der kroatischen Grenze. Direkt neben der Straße führt eine Holztür im Hang in eine Repnica. So heißen die alten Rübenkeller, nach dem slowenischen Wort »repa« für Rübe. Die lagern hier jedoch nicht, sondern ein anderes Naturprodukt: selbst gekelterter Wein.

Hausherr Martin Najger sperrt die Kellertür auf. Im Inneren will man die Wand sofort anfassen, sie wirkt wie feuchter, glatter Sand. Die erste Berührung verblüfft jedoch, denn die Wand ist hart und trocken. Repnice – so der Plural –, die es nur rund um Bizeljsko gibt, sind ein geologisches Phänomen. Martin Najger zeigt auf ein Muschelornament an der Decke. Es ist das Erbe des Pannonischen Meeres, das hier vor Abermillionen von Jahren die Gegend flutete. Als sich das Wasser im Miozän-Zeitalter zurückzog, blieben die Versteinerungen und der harte Sandstein im Erdreich zurück.

Der Großvater machte den Anfang: Mit einer Spitzhacke klopfte er einen gerade mal vier Quadratmeter großen Keller aus. Immer wenn Zeit war, erweiterte die Familie die Repnica – zuletzt während der Coronapandemie –, der Keller unter dem Weinberg misst heute 230 Quadratmeter. Einige der Wege sind mit Ziegelsteinen gepflastert.

Auf einem Eichenholzfass, das als Tisch dient, schenkt Martin Najger wunderbar gekühlten weißen Laški rizling (Welschriesling) ein. Obwohl die Gegend mit ihren spezifischen Böden eher für Weißweine bekannt ist, tragen einige seiner 15.000 Rebstöcke auch rote Sorten wie Blaufränkisch. Zwölf Grad ist es im Keller kühl, auch im Sommer. Die Einbuchtungen in den Wänden, wo sich teils versiegelte Weinflaschen stapeln, kommen nur auf neun Grad. Damit sich die Etiketten aufgrund der Feuchtigkeit nicht lösen, werden sie erst im Vorraum aufgeklebt, wo Martin Najger sie auch verkauft. Übrigens nur vor Ort!

Adresse Repnica Najger, Brezovica na Bizeljskem 32, 8259 Bizeljsko, Tel. +386/(0)41/204876 | **Anfahrt** A 2, Ausfahrt Čatež ob Savi / Bizeljsko, nach 15 Kilometern in Brezovica na Bizeljskem bei der Bushaltestelle links abbiegen, nach 1 Kilometer erneut links | **Öffnungszeiten** täglich 9–21 Uhr | **Tipp** Das vielleicht kleinste Weinberghäuschen (zidanica) Sloweniens findet man im Weiler Bošt, 2,5 Kilometer nordwestlich der Repnica Najger. Es ist nur zwei Meter lang, mit einem Strohdach gedeckt und wird schon seit über 70 Jahren nicht mehr genutzt. Früher wurde dort Gerät gelagert, das man zur Arbeit im Weinberg benötigte.

6 Das Verlobungshotel

Wo der mächtigste Mann der Welt auf die Knie ging

Eine Burg auf einer steilen Felsklippe, eine Kircheninsel und Alpengipfel: Die Traumkulisse am See von Bled ist wie geschaffen für besondere Momente.

Das muss auch Donald Trump zu Ohren gekommen sein, dessen Frau Melania bekanntermaßen aus der slowenischen Kleinstadt Sevnica stammt. Dort lebten ihre Eltern, Amalija und Viktor Knavs, noch, als ihre Tochter längst schon anderswo in der Welt zu Hause war. Als Donald Trump 2002 seine Schwiegereltern erstmals traf, wählte er dafür Bled aus. Im Grandhotel Toplice, einem makellosen Fünf-Sterne-Hotel direkt am Seeufer, fand der »Antrittsbesuch« statt. Hier soll der Amerikaner dann auch um die Hand seiner Liebsten, die damals noch Melanija Knavs hieß, angehalten haben. Den Beweis – zumindest dafür, dass alle da waren – liefert ein Erinnerungsfoto des späteren Ehepaars Trump mit strahlendem Lächeln im Grandhotel, sie im kleinen Schwarzen, er im dunklen Anzug.

Trump wurde seither nie wieder in Slowenien gesichtet. Dafür jedoch sein Abbild: eine meterhohe Holzstatue mit rotblonden Haaren und rot-weiß gestreifter Krawatte. Sie wurde 2019 in der Ortschaft Sela pri Kamniku aufgestellt und sah ihm zum Verwechseln ähnlich. Der Künstler, Tomaž Šlegel, betonte allerdings in den slowenischen Medien, dass es sich um eine »Freiheitsstatue« handle. Diese streckte statt einer Fackel eine geballte Faust empor und konnte zwei Gesichter aufsetzen: ein neutrales und ein verärgertes mit schmalen Lippen.

Schon beim Aufstellen hatte ein Dorfbewohner damit gedroht, die Skulptur mit seinem Traktor umzupflügen. Zu provokativ sei die Kunst, beschwerten sich auch andere. Die Sicherheit der Holzfigur schien ernsthaft gefährdet, und so bekam sie nur wenige Monate später »politisches Asyl« im Ort Morače. Es half jedoch alles nichts, Anfang 2020 ging die »slowenische Freiheitsstatue« in Flammen auf und wurde seither nicht mehr aufgebaut.

Adresse Grand Hotel Toplice, Cesta svobode 12, 4260 Bled, www.sava-hotels-resorts.com | **Anfahrt** A 2, Ausfahrt 3 Lesce-Bled, im Kreisverkehr 2. Ausfahrt Lesce-Bled in Richtung Bled nehmen, über die Ljubljanska cesta links in die Cesta svobode direkt am Seeufer fahren | **Tipp** Pflicht in Bled: ein Stück »Blejska kremšnita« im Hotel Park naschen, mit Panoramablick auf den See! Seit 1953 wurden dort schon mehr als 15 Millionen »Bleder Kremschnitten« verkauft, die fluffige Torte mit Eiercreme und Sahne gibt es nun auch als Eissorte.

7 Der Erholungssee

Zu schön für einen Mord

Ein Schiff auf dem Nil, ein altes Pfarrhaus oder der Orientexpress, der durch die Nacht rattert: Solche Orte sind wie geschaffen für ein Verbrechen. Die Liste der Schauplätze, an denen Agatha Christie (1890–1976) ihre Opfer aus dem Weg räumen ließ, ist lang. Eines lehnte die erfolgreichste Krimiautorin aller Zeiten jedoch strikt ab: ein Gewaltverbrechen am Bohinjsko jezero, dem See von Bohinj (Wochein). Das werde es in ihren Büchern nicht geben, der See sei nämlich »viel zu schön für einen Mord«. Das erklärte die britische »Grande Dame des Krimis« einem slowenischen Reporter 1967 im damaligen Hotel Bellevue auf einer Anhöhe in Ribčev Laz am Bohinjsko jezero. Christie verbrachte dort einen Sommer in Begleitung ihres Ehemannes Max Mallowan und erhoffte sich davon vor allem Erholung abseits der Öffentlichkeit. Pressetermine hatte sie daher im Vorfeld abgelehnt.

Schon bald bekamen die Journalisten jedoch Wind davon, welch berühmter Gast in Ribčev Laz abgestiegen war. Ein junger Reporter, der zu den wenigen gehörte, die gut Englisch sprachen, griff in die Trickkiste. Er checkte als gewöhnlicher Tourist im Nebenzimmer ein. Mit einem Strauß Blumen machte er sich auf den Weg zu seiner berühmten Nachbarin. Statt jedoch an der Tür von Zimmer 204, das sie bewohnte, zu klopfen, kletterte er kurzerhand über den hölzernen Alpenstil-Balkon.

Max Mallowan wollte zunächst die Polizei rufen, doch Agatha Christie willigte schließlich ein, einige wenige Fragen zu beantworten. Das Video des slowenischen Rundfunks RTV Slovenija mit der Frage, ob es einen Mord am See von Bohinj geben werde, kann man sich im Internet anschauen. Das »Bellevue« hingegen dümpelte viele Jahre vor sich hin und soll nun umgebaut werden.

Übrigens soll Agatha Christie bei einem Ausflug nach Bled einem Mann begegnet sein, der zum Vorbild eines ihrer fiktiven Mörder wurde. Wer das allerdings war, ist nicht überliefert.

Adresse (ehemaliges) Hotel Bellevue, Ribčev Laz 65, 4265 Bohinj | Anfahrt ab Bled auf der Regionalstraße 209 bis Bohinjska Bistrica, dann weiter bis Ribčev Laz | Tipp Wer mit dem Auto nach Süden will, rollt vom Bahnhof in Bohinjska Bistrica einfach mit dem Autoverladezug durch den mit 6,39 Kilometern längsten Tunnel Sloweniens nach Podbrdo. Die Fahrt dauert nur zehn Minuten. Der Tunnel wurde 1906 von Erzherzog Franz Ferdinand eingeweiht und bedeutete für das abgeschottete Tal von Bohinj einen Aufschwung.

8 Das Alma-Karlin-Denkmal

Nicht ohne meine Schreibmaschine

Die Dame mit der breiten Hutkrempe scheint es eilig zu haben. Mit wehendem Mantel steuert sie geradewegs auf den Bahnhof von Celje zu. Das frühere Deutsche Haus, Celjski dom, mit seinen Spitztürmchen am Krekov trg hat sie bereits erreicht. Was keiner ahnt: In ihrem Koffer befindet sich nicht etwa Wäsche, sondern eine Reiseschreibmaschine – ihr wichtigstes Gepäckstück.

Die Reisende in der Fußgängerzone von Celje soll an Alma Karlin (1889–1950) erinnern. Würde diese noch leben, wäre sie heute vermutlich eine Reisebloggerin und digitale Nomadin. Zu K.-u.-k.-Zeiten jedoch, als Celje noch Cilli hieß und die meisten Stadtbewohner Deutsch sprachen, galt Alma Karlin als ziemlich exotisch. Sie war eine Solo-Weltreisende, die in Graz, Paris und London studierte, neun Sprachen lernte und zunächst in einem Übersetzungsbüro in London arbeitete. Später zog es sie nach Skandinavien, Südamerika, in den Nahen Osten und nach Asien. Ihre Erfahrungen veröffentlichte Alma Karlin in Zeitungen und Büchern, sie gehörte zu ihrer Zeit zu den meistgelesenen Reiseschriftstellerinnen.

Einfach war ihr Start ins Leben nicht: Sie kam halbseitig gelähmt zur Welt und fühlte sich lange als »Makel« ihrer Mutter, die sehr auf Perfektion bedacht war. Doch Alma Karlin war ehrgeizig, sie kämpfte sich mühsam ins Leben, ehe sie ihre Heimat Cilli verließ.

Im sozialistischen Jugoslawien geriet Alma Karlin, die auf Deutsch schrieb, gewollt in Vergessenheit. Erst im unabhängigen Slowenien besann man sich auf diese mutige Frau, widmete ihr eine Ausstellung im Regionalmuseum »Knežji dvor« (Fürstenhof) und veröffentlichte ihre Erlebnisse in slowenischer Übersetzung. Auch auf Deutsch sind in den vergangenen Jahren Neuauflagen erschienen, etwa 2019 der Titel »Einsame Weltreise«, der 100 Jahre nach seiner Erstausgabe neu aufgelegt wurde. Die Statue der Alma Karlin von Vassilij Ćetković ist nur ein Mosaikstein in sorgsam ausgewählter Lage, um den nächsten Zug im Bahnhof noch zu erwischen.

Adresse Krekov trg 1, 3000 Celje | ÖPNV vom Hauptbahnhof Celje über den Krekov trg direkt in die Innenstadt | Anfahrt A 2, Ausfahrt Celje-center, über die Mariborska cesta und die Aškerčeva ulica immer geradeaus bis zum Hauptbahnhof | Tipp Schräg gegenüber serviert das Nostalgie-Kaffeehaus im Hotel Evropa schon seit 1873 leckere Torten. Heute selten: Der Mokka kommt hier mit Bodensatz im Kupferkännchen auf den Tisch (www.hotel-evropa.si).

9 Die Galerie

Erotische Kunst statt Guck-Sex

Wenn Sie auf kirschrote Wände, eine pechschwarze Raumdecke und eine Poledance-Stange auf einem Podest in der Ecke stoßen – was ist Ihr erster Gedanke? Und wenn der nächste Raum dann noch in schummeriges Licht getaucht ist? Vermutlich werden Sie denken, dass Sie in einem erotischen Etablissement gelandet sind.

In Celje kann Ihnen das passieren, auch wenn Sie eigentlich in eine Kunstgalerie wollten. Die Galerija Račka (Entlein) war nämlich früher einmal eine Peepshow. Da hieß es: Klappe auf, Klappe zu. Irgendwann ging das Geschäft mit dem Guck-Sex nicht mehr wirklich und wurde eingestellt. Stattdessen gibt es dort nun Kunst, ohne dass man die Räume komplett verändert hätte. Warum auch? Die zeitgenössische Kunst, die in der Galerie zu sehen ist, passt hier wunderbar hinein, denn gebrochen wurde mit dem Thema nicht. Erotik ist das zentrale künstlerische Leitmotiv. Die Galerie nutzt das räumliche Ambiente der früheren Peepshow ganz bewusst für sich. Daher wurden beim Umbau nur minimale Eingriffe in die visuelle Raumstruktur vorgenommen.

Mit der menschlichen Begierde, der Lust, dem Trieb und dem eigenen Körper setzt man sich hier auf vielfältige Weise auseinander. Es werden Phalli in allen Größen und Materialien in Szene gesetzt, oder der Galeriebesucher wird zum voyeuristischen Zeugen eines intimen Sex-Geständnisses, das da gerade über den Bildschirm flimmert.

Temporäre Kunst, oft provokativ und von Künstlern aus dem Ausland geschaffen, darf man hier erwarten. Die Dauerausstellung »Grda račka« (Hässliches Entlein) hat hingegen eine offene Struktur. Sie wird durch Exponate von Künstlern oder Privatleuten ergänzt, die mit erotischen Wünschen, Spielen, Erinnerungen, Ausrutschern oder Erlebnissen zusammenhängen. Ganz ohne Scham werden hier erotische Welten eröffnet. Wer sich nicht outen möchte, kann sein Objekt auch ganz anonym beisteuern.

Adresse Galerija Račka, Gosposka ulica 3 (2. Stock), 3000 Celje, www.csu.si | **Anfahrt** A 1, Ausfahrt Celje-zahod, in Richtung Zentrum, am Bahnhof Celje parken, die Straße Krekov trg entlanggehen, links den Glavni trg (Touristeninformation) bis zum Ende überqueren, dann rechts abbiegen, von dort noch wenige Meter | **Öffnungszeiten** Do–So 16–19 Uhr | **Tipp** In einer Hausnische gleich nebenan trifft man auf die Büste von Alfred Nobel. Der Erfinder besuchte das alte Cilli oft mit seiner Geliebten, Sofia Hess, deren Schwester Amalija hier lebte.

10 Das Retro-Geschirr

Nostalgie auf dem Küchentisch gibt's immer noch

Kaum ein Haushalt in Jugoslawien, der keine Töpfe oder Tassen aus Emaille besaß: Auf dem Geschirrboden war ein geflügelter Doppellöwe mit dem Aufdruck »Made in Yugoslavia« geprägt. Das omnipräsente Geschirr stammte aus Celje, aus der Emaillierfabrik EMO (»Emajlirnica, Metalurgija in Orodjarna«). Unvermeidlich der kirschrote Hintergrund mit weißen Punkten, ebenso das gelb-blaue Retro-Zackenmuster. Und erst dieses knallige Orange – alles noch da im Fabrikladen von EMO im Gewerbegebiet von Celje.

Neben den Farben sind die Formen unvergessen: hohe Milchkannen mit Henkel, riesige Gulaschtöpfe und Mokka-Stielkännchen, die in ganz Ex-Jugoslawien »džezva« heißen und denen Kaffeevollautomaten nicht wirklich etwas anhaben können. Geschirr mit kleinen Macken wandert zum Kilopreis über den Verkaufstresen. Verändert scheint nur der Länderaufdruck: »Made in Slovenia«.

Das unverwüstliche Emaillegeschirr feiert jedoch kein Comeback, denn es war nie ganz weg. Es wird immer noch von jenen gekauft, die es schon seit Jahrzehnten nutzen, aber auch von Vintage-Fans, die es erst per Mausklick entdeckt haben und nun über Ländergrenzen hinweg ordern.

Hinter den Kulissen ist jedoch nichts mehr, wie es mal war. Als Jugoslawien zerfiel, verlor EMO einen Großteil seines Marktes. Die Holding wurde in kleine Unternehmen aufgesplittet, viele Werktätige wurden arbeitslos. Nach dem Zweiten Weltkrieg war die Fabrik verstaatlicht worden, unter Tito wurde die Produktion angekurbelt. Die Geschichte von EMO reicht aber noch weiter zurück: 1894 gründete der Remscheider Industrielle Adolf Westen, der als Reisender für seinen Onkel aus der Steiermark in die Gegend kam, bereits die »A.W. Emaillefabrik«. Als Standort wählte er zunächst Graberje bei Celje – in guter Lage, mit günstiger Arbeitskraft und der Nähe zur Kohle – und fertigte damals schon Tassen, Töpfe und Co., die vieles überdauert haben.

Adresse EMO Novum Industrijska prodajalna, Mariborska cesta 86, 3000 Celje | **Anfahrt** A 1, Ausfahrt Celje-center, Regionalstraße 430/Mariborska cesta geradeaus in Richtung Stadtzentrum, an der Kreuzung Bežigrajska cesta links abbiegen, nach 200 Metern im Kreisverkehr die 1. Ausfahrt nehmen, von dort gleich rechts in den Parkplatz einbiegen (Ecke Bežigrajska cesta / Kovinarska ulica) | **Öffnungszeiten** Mo – Fr 9 – 19 Uhr, Sa 9 – 13.30 Uhr | **Tipp** Folgt man der Bežigrajska cesta, die im weiteren Verlauf Bukovžljak heißt, in Richtung Osten, kommt man nach fünf Autominuten zum Gedächtnispark Teharje. Dort wird seit 2004 der »verschwiegenen Opfer der Nachkriegsmassaker« mit monumentalen Betonskulpturen gedacht (Bukovžljak 30).

11 Die Ruinen

Fußböden müssen mollig warm sein

Einen Stadtplan, ein paar bunte Broschüren oder lokale Souvenirs, das erwartet man eigentlich, wenn man eine Touristeninformation in Slowenien aufsucht. Wer in der Innenstadt von Celje Auskunft erhalten möchte, bekommt sogar noch ein wenig Geschichtsunterricht »on top«.

Dazu muss man nur das Gebäude mit der Glitzerfassade in der Fußgängerzone am Glavni trg betreten. Im lichtdurchfluteten Foyer staunt man erst einmal nicht schlecht: Gleich im Eingangsbereich, unter den eigenen Füßen, verlaufen antike römische Grundmauern. Stege aus Metall und Glas führen darüber hinweg und gewähren Einblicke, Infotafeln vertiefen das, was man gerade sieht. Es sind die Überreste zweier römischer Stadtvillen, die genau an dieser Stelle nebeneinanderstanden und recht üppig ausgestattet waren. Die geometrischen Bodenmosaike mit schwarz-weißen Plättchen wurden aufwendig rekonstruiert. Ein Abschnitt des freigelegten römischen Gebäudes war sogar mit einer Warmluft-Fußbodenheizung versehen – und das vor 2.000 Jahren!

Die Mauerreste, Mosaiken und weiteren Funde kamen 2013 bei der Umgestaltung des alten Stadtzentrums zum Vorschein. Um die antiken Ausgrabungen für alle kostenlos zugänglich zu machen, wurde ein Pavillon darübergebaut, und die Touristeninformation zog hier ein.

Dass Celje auf antikem Boden steht, ist bekannt: Als »Celeia« lag es an der Straße von Aquileia nach Pannonien, von hier aus wurde der Süden der Provinz Noricum verwaltet. Celeia war 46 nach Christus in den Stand eines Municipiums erhoben worden. In typisch römischer Bauweise verliefen die Straßenzüge senkrecht zueinander, was der Fund der beiden Villen noch einmal bestätigte. Dass noch weitere Teile der Altstadt auf antikem Fundament gebaut sind, sieht man auch im Fürstenhof (Knježji dvor), wo »in situ« antike Überreste der »Stadt unter der Stadt« gezeigt werden.

Adresse Touristeninformation (TIC), Glavni trg 17, 3000 Celje, www.visitcelje.eu | Anfahrt A 1, Ausfahrt Celje-center, Mariborska cesta geradeaus in Richtung Stadtzentrum, ab Bahnhof zu Fuß über den Krekov trg stadteinwärts, dann links bis Glavni trg | Öffnungszeiten Jan.–April, Okt., Nov. Mo–Sa 10–17 Uhr, So 10–13 Uhr, Mai–Sept. Mo–Sa 10–19 Uhr, So 10–13 Uhr, Dez. täglich 10–20 Uhr | Tipp Wer den Adrenalinkick sucht, fährt zur stylisch-modernen Berghütte Celjska koča, flitzt mit der Sommerrodelbahn oder den großen Luftreifen den Hang hinunter oder genießt die gute Küche auf der Panorama-Terrasse (www.celjska-koca.si).

12 Der Sickersee

Wo Fische nur mal kurz im Eimer landen

In Slowenien gibt es einen Ort, an dem man – ohne sich fortbewegen zu müssen – entweder fischen, Boot fahren oder Rad fahren kann. Genau an derselben Stelle, freilich nicht gleichzeitig. Das klingt rätselhaft? So funktioniert der Cerkniško jezero jedoch, der Zirknitzer See, einer der größten Sickerseen in Europa. Regenfälle und das Schmelzwasser von den umliegenden Bergzügen wie Javornik oder Slivnica lassen den Wasserspiegel anschwellen. Dass der See verschwindet, ist hingegen ein typisches Karstphänomen: Die Kalkböden sind porös und mit Tausenden von Höhlen durchzogen.

Doch was machen eigentlich die Fische dort so ohne Wasser? Die werden gerettet. Dazu rückt der örtliche Anglerverein aus, wie etwa im Frühjahr 2020. Mit Hilfe von Netzen wurden damals eine halbe Tonne Karpfen, Hechte, Rotbarsche und andere Fische – der schwerste wog 17 Kilogramm – gefangen. In Wassertanks transportierte man die Tiere zum See Rešet, der aufgrund einer Sperre ständig Wasser führt.

Ob man den See, der drei Inseln hat, zu sehen bekommt, hängt auch von der Jahreszeit ab. Etwa acht Monate im Jahr ist er da, im Sommer hingegen verschwunden. Dann findet man dort umso mehr Pfützen, in denen Froschfamilien durch das Wasser springen. Wo im Sommer Gras wuchert, können heftige Regenfälle das Gelände allerdings in nur drei Tagen fluten. In Spitzenzeiten wächst der See dann auf die Größe von 4.200 Fußballfeldern an, was circa 30 Quadratkilometern entspricht. Bleibt es hingegen trocken, schrumpft er, was durchaus mal drei Wochen dauern kann.

Übrigens war der See vermutlich schon in der Antike bekannt und tauchte bereits im 15. Jahrhundert auf Europakarten auf. Dem slowenischen Universalgenie Johann Weichard von Valvasor, der sich als Erster wissenschaftlich mit dem Phänomen befasste, brachte er sogar die Mitgliedschaft in der Royal Society of London ein.

Adresse Cerkniško jezero, Dolenje jezero, 1380 Cerknica | Anfahrt A 1, Ausfahrt Unec, der Beschilderung folgen, in Cerknica rechts in die Cesta na jezero, durch Dolenje jezero, auf Höhe von Dolenje jezero 69 großer Parkplatz für Seebesucher | Öffnungszeiten jederzeit zugänglich; Kanuverleih: Tel. +386/(0)41/605124, www.tur-servis.si | Tipp Sickerseen sind ein spannendes geologisches Phänomen. Wie sie genau »funktionieren«, erfährt man im Museum und Interpretationszentrum (Muzej Cerkniškega jezera) unweit des Parkplatzes (www.jezerski-hram.si).

13 Die Olympia-Vitrine

Mehr Teilnehmer gibt es nirgendwo

Schneebedeckte Alpenhänge prägen das Ortsbild im Winter. Wer in Črna na Koroškem, dem alten Schwarzenbach, aufwächst, macht seine ersten Schwungübungen vermutlich nicht im Schreiblernheft auf Papier, sondern beim Slalomfahren auf der Skipiste. Solche Vermutungen lässt zumindest die ungewöhnliche Statistik des Ortes aufkommen.

Bislang hat Črna na Koroškem nämlich schon sieben Olympioniken hervorgebracht. Bei gerade mal 3.000 Einwohnern ist das Guinness-Weltrekord! Mehr Teilnehmer an den Olympischen Winterspielen gibt es gemessen an der Einwohnerzahl sonst nirgendwo. Darauf ist die Alpengemeinde stolz und eröffnete 2017 eine kleine Ausstellung zu Ehren »ihrer« Spitzensportler.

Als Königin des alpinen Skisports gilt die ehemalige Skirennläuferin und Allrounderin Tina Maze, Jahrgang 1983, die hier groß geworden ist. Sie war während ihrer aktiven Sportkarriere nicht nur Olympiasiegerin (2010, 2014), sondern auch Weltmeisterin, Weltcup-Gewinnerin und gar fünfmal slowenische »Sportlerin des Jahres«.

Die Anfänge der Olympia-Erfolge von Črna na Koroškem wurzeln in den 1960er Jahren, als das Skispringen überaus populär wurde. Damals gab es noch eine Sprungschanze vor Ort, die von den Brüdern Drago und Danilko Pudgar eifrig genutzt wurde. Mit Erfolg: Die beiden Skispringer vertraten Jugoslawien bei der Winterolympiade im japanischen Sapporo 1972. Nachdem die Brüder ihre Karriere beendet hatten, konzentrierte sich der örtliche Skiklub SK Črna verstärkt auf Alpinski, die Schanze wurde daher später aufgegeben. Weitere drei Skirennläufer und spätere Olympioniken wurden ebenfalls auf den örtlichen Berghängen groß: Katjuša Pušnik (Albertville 1992), Mitja Kunc (Lillehammer 1994) und Aleš Gorza (2006, 2010). In der Disziplin Langlauf trat Nataša Lačen (1998, 2002) für Slowenien an – und in der Ausstellungsvitrine ist noch viel Platz für weitere Sieger.

Adresse Olimpijski muzej, Center 23, 2390 Črna na Koroškem | **Anfahrt** Regionalstraße 425, im Ortszentrum von Črna na Koroškem am Kreisverkehr Ausfahrt nach Koprivna nehmen, von dort nur wenige Meter | **Öffnungszeiten** Mo – Fr 9 – 16 Uhr, Sa 9 – 12 Uhr, nach Voranmeldung bei der Touristeninformation (TIC), Center 101, Tel. +386/(0)2/8704820, tic@crna.si | **Tipp** Der »Olympiaweg« beginnt am Sportpark von Črna und führt an sieben Stopps vorbei, an denen jeweils ein Olympionike mit seiner Disziplin vorgestellt wird. Auch an der örtlichen Grundschule, in der die Athleten die Schulbank drückten, spaziert man vorbei.

14 Der schiefe Turm

Brummis und Böden brachten ihn in Schräglage

Eine optische Täuschung ist das nicht, obwohl man das zunächst annehmen könnte, wenn man unterhalb des Kirchturms von Črni kal steht. Aber wie man sich auch hinstellt und den Kopf neigt: Der barocke Turm der Valentinskirche (Sveti Valentin), der die alten Steinhäuser im Dorf mit seiner Zwiebelhaube überragt, bleibt windschief. Und das ist er auch. So sehr, dass er sogar einen Meter über seine Grundfläche hinausragt!

Seine Schräglage ist schon länger bekannt. Dicke Stahlseile, die mit Metallösen an der Außenwand befestigt sind, sollen den frei stehenden, 25 Meter hohen Turm davor bewahren, dass er eines Tages umkippt. Nicht nur der Campanile ist jedoch betroffen, sondern auch die Burgruine oberhalb des Dorfes, die dramatisch auf einer Felsnadel thront. Damit teilen die beiden Bauwerke ihr Schicksal mit dem »Schiefen Turm von Pisa«, dessen Boden sich auch gesenkt hat.

Der Kirchturm von Črni kal, 1802 erbaut, thront in wunderschöner Lage auf einem Hochplateau des Karstes, das hier steil abfällt und Kletterer aus ganz Europa anzieht. Schaut man hinab, öffnet sich unterhalb des Karstabbruchs ein weitläufiges Tal, das sich bis zur Adria erstreckt. Ein markantes Viadukt, das mit 1,06 Kilometern als die längste Brücke Sloweniens gilt, wurde hier aus 10.000 Tonnen Stahl und 50.000 Kubikmetern Beton über das Tal gespannt. Die Brücke ist Teil der Autobahn A 1, die seit 2004 die Hauptverbindung von Ljubljana ans Meer darstellt.

Vor dem Autobahnbau führten Serpentinen durch den Karst, die Gegend um Črni kal war im Hochsommer für lange Staus berühmt, auch viele Lkw rollten hier entlang. Das Zusammenspiel von Brummis und porösem Karstboden war nicht das beste und könnte dem Kirchturm zum Verhängnis geworden sein. Dass der Fernverkehr nun umgeleitet wird, bringt zwar mehr Ruhe in die Dörfer – für den Turm kommt das allerdings recht spät.

Adresse Cerkev Sv. Valentina, Črni kal 25, 6275 Črni kal | Anfahrt A 1, Ausfahrt Kastelec, Richtung Sočerb, gut 3 Kilometer in Richtung Kastelec/Rižana, links abbiegen nach Črni kal | Öffnungszeiten tagsüber jederzeit zugänglich | Tipp Das 20 Autominuten entfernte Dörfchen Marezige bietet nicht nur einen Panoramablick auf die Bucht von Triest, sondern auch eine Weinfontäne. Drei Jetons, ein Lätzchen und ein Probierglas gibt es als Start, dann zapft man sich die Lieblingssorte eigenhändig (www.vinska-fontana.si).

15 Das Partisanenkrankenhaus Franja

Eine schmale Schlucht als Versteck

Ohne das Geländer und die Holztreppen möchte man sich den Weg gar nicht ausmalen: Mitten im dichten Wald rauscht der Bach Čerinščica durch eine schmale Klamm und kann bei heftigen Regenfällen so stark anschwellen, dass er alles mitreißt. Das ist 2007 passiert, als die Fluten in der Schlucht Pasice die Holzbaracken wegspülten. Drei Jahre dauerte es, ehe man nach der Flutkatastrophe alles wieder aufgebaut hatte.

Die Lage ist zwar eine Herausforderung, doch das kam einmal vielen Menschen zugute. In dieser abgelegenen Schlucht beim Weiler Dolenji Novaki, unweit von Cerkno, bauten Soldaten, Ärzte und Einheimische ab 1943 gemeinsam ein geheimes Partisanenkrankenhaus auf. Die Versorgung steuerte die Ärztin Franja Bojc Bidovec, nach der die Anlage benannt wurde.

Das Partisanenkrankenhaus Franja hatte alles, was man zum Überleben brauchte: Krankenbaracken mit Stockbetten, Isolierstationen, Hütten für Verwundete, eine Röntgenstation, Essräume, eine Küche, einen Waschraum, eine Latrine und eine Elektrostation, mit der Strom erzeugt wurde. An der Wand hängen Porträts von Tito und Stalin.

Zweimal wurde die Schlucht während des Krieges aus der Luft angegriffen, doch man hatte Glück, und das Krankenhaus wurde niemals entdeckt. Dennoch blieben die 46 Mitarbeiter vorsichtig. Verwundete wurden nur nachts transportiert, auch wurde nur bei Dunkelheit gekocht. Das Gemüse stammte von den benachbarten Feldern, Brot lieferte die Partisanenbäckerei aus Cerkno. Die übrigen Vorräte – Nudeln, Linsen und Kartoffeln – lagerten in den Höhlen der Felsschlucht, die auch als Bunker dienten.

Als der Zweite Weltkrieg im Mai 1945 zu Ende ging, waren 578 Patienten verzeichnet. Vielen von ihnen hatte das Krankenhaus – unabhängig von ihrer Gesinnung – das Leben gerettet.

Adresse Partizanska bolnica Franja, Dolenji Novaki, 5282 Cerkno, www.pb-franja.si/de | **Anfahrt** ab Cerkno-Ortsmitte in Richtung Novaki / Črni vrh und der Beschilderung zum Partisanenkrankenhaus folgen, ab dem Parkplatz 10 Gehminuten zur Klamm | **Öffnungszeiten** täglich 9–18 Uhr | **Tipp** Das Gasthaus »Gostišče Gačnk v Logu« ist nur wenige Autominuten in Richtung Cerkno entfernt. Die ehemaligen Inhaber betrieben das Sägewerk Venecijanka, in dem das Holz für den Bau der Baracken des Partisanenkrankenhauses Franja gesägt wurde. Aufgestapelte Holzscheite umgeben das gemütliche Gasthaus (www.cerkno.com).

16 Das Strohhut-Museum

Gut behütet wie in Florenz

Es gab Zeiten, da pflegte man seine vornehme Blässe mit Strohhüten. Hutmodelle aus Florenz waren in der ganzen Welt gefragt. Doch auch Domžale, nordöstlich von Ljubljana gelegen, war einmal eine internationale Hutmetropole! Bis zu einer Million Hüte wurden dort pro Jahr gefertigt. Ein kleines »Strohhut-Museum« erinnert an die fast vergessene Vergangenheit des Ortes.

Warum gerade dort, wird beim Blick auf die Umgebung klar: In der Ebene zwischen Ljubljana und Kamnik wird traditionell Weizen für Mehl und Futter angebaut. Weniger gutes Stroh wurde immer gesondert getrocknet. Daraus flochten die Frauen im Winter »butarice«, feine Zopfstränge. Um diese zu einem Hut zu binden, nutzten sie Kürbisse, runde Steine oder Holz. Das Material wurde mit Dampf erhitzt und mit den Händen über die Modelle gezogen. Später kamen Formen aus Zink und Metall auf. Atmosphärendruck, Trockneröfen und nicht zuletzt die Erfindung der Nähmaschine verkürzten die Herstellungszeit.

Der Fabrikant Jakob Oberwalder, der bereits in Wien fertigen ließ, baute 1870 eine Fabrik in Domžale, wo er Rohstoffe und Arbeitskräfte mit Fachwissen in der Strohhut-Fertigung fand. Um 1900 gab es rund 25 größere und kleinere Fabriken in Domžale, die gut 1.000 Mitarbeiter beschäftigten.

Den Hutverkauf übernahmen Händler, oft aus Gottschee (Kočevje) oder Veldes (Bled). Die Strohverarbeitung deckte den Bedarf in der österreichisch-ungarischen Monarchie, es entstanden sogar Niederlassungen in Wien, Prag, Budapest, Florenz und New York. 400 Mitarbeiter aus Domžale wurden sogar in die Vereinigten Staaten abgeworben, um den amerikanischen Näherinnen die Strohhut-Technik zu vermitteln. Dann kam der Erste Weltkrieg, die K.-u.-k.-Monarchie zerfiel in kleine Märkte, die Mode kam als Sargnagel dazu: Man ging zunehmend »oben ohne«. Die letzte Strohhut-Fabrik von Domžale schloss 2003 und beendete eine Ära.

Adresse Slamničarski muzej, Kajuhova cesta 5, 1230 Domžale, www.kd-domzale.si | **Anfahrt** A 1, Ausfahrt Domžale oder Regionalstraße 104 bis Domžale-Zentrum, dort von der Ljubljanska cesta nach rechts auf die Savska cesta, nach 50 Metern rechts in die Kajuhova cesta abbiegen | **Öffnungszeiten** Di–Fr 10–12 und 17–19 Uhr, Sa 10–12 Uhr | **Tipp** Ein Museumsbesuch lässt sich mit einem leckeren Burger abrunden. Die besten gibt es in der »Stara Fabrka«, die nach der »Alten Fabrik« der Strohhutmacher benannt ist und sich ein Retro-Logo zugelegt hat (Karantanska cesta 8, Mo–Fr 10–22 Uhr, Sa 12–22 Uhr).

17 Die Friedensbrücke

Zum »Bankerl« sagt man hier auch »klopca«

Im Schritttempo rollt ein Auto über den Fluss, am Geländer baumeln Liebesschlösser. Auf den ersten Blick scheint es eine gewöhnliche Brücke zu sein, die sich da über den Fluss Mura spannt, wie er am südlichen Ufer in Gornja Radgona genannt wird. Auf der anderen Seite, im österreichischen Bad Radkersburg, ist es die Mur. Auch die Brücke hat zwei Namen: »Most miru« oder, so die wörtliche Übersetzung, »Friedensbrücke«.

Der schönste Platz ist in der Mitte. Unterhalb des Gehwegs wurden Sitzbänke eingelassen, von denen sich ein unverstellter Blick auf den Fluss öffnet. 2017 wurde dort eine Tafel angebracht, die dreisprachig – auf Slowenisch, Deutsch und Englisch – darüber informiert, dass hier nicht nur zwei Länder, sondern auch die Menschen »im Geist der Freundschaft und des Friedens« miteinander verbunden werden sollen. Damit ist sie eine von über 800 »Friedensbrücken«, die es weltweit in rund 30 Ländern gibt, etwa am Matterhorn in der Schweiz oder am Baikalsee in Sibirien.

Die Brücken haben einen klaren Auftrag: Sie sollen die Besucher inspirieren und ein friedliches Zusammenleben fördern. Das Projekt wurde von der Friedensbewegung Peace Blossoms ins Leben gerufen, hinter der der spirituelle Leader Sri Chinmoy (1931–2007) steht.

Könnte die Brücke sprechen, würde sie von den enormen Eismassen berichten, die ihre Vorgängerin im Winter 1929 mit sich rissen. Die neue Überquerung mit einer Länge von 85 Metern war auch nicht für die Ewigkeit. Die nationalsozialistischen Truppen sprengten die Brücke 1945 bei ihrem Rückzug. Sieben Jahre später entstand mit britischer Hilfe eine Behelfsbrücke. Erst 1969 wurde eine Betonbrücke errichtet, die mit 111 Metern länger als ein Fußballfeld ist. Früher fuhr hier sogar die Eisenbahn, die heute allerdings ganz in der Nähe, gleich hinter dem Bahnhof von Gornja Radgona, endet – neben einer Straße im Nirgendwo. Doch das ist schon eine Weile her, und seither ist viel Wasser unter der geschichtsträchtigen Brücke hindurchgeflossen.

Adresse Kerenčičeva ulica / Lackova ulica, 9250 Gornja Radgona | **Anfahrt** am Kreisverkehr von Gornja Radgona in Richtung »Avstrija« (Österreich), an der Brücke einige wenige Parkplätze in der Gubčeva cesta | **Tipp** Wenige Schritte von der Brücke entfernt kann man sich einer Kellerführung im »Dom Penine« (Haus des Schaumweins) anschließen. Der Hersteller Radgonske Gorice keltert nebenan seit 1852 den bekanntesten slowenischen Sekt »Zlata radgonska penina« (Führungen Mo–Fr 12–16 Uhr, www.dompenine.si).

18 Die Heuharfe

Wenn der Mais auf dem Nationalsymbol trocknet

Die meisten Slowenen fahren einfach daran vorbei. Zu gewohnt ist der Anblick, zu alltäglich. Wer hingegen das erste Mal mit dem Auto oder Motorrad durch das Land reist, dem fallen die ständigen Begleiter auf der grünen Wiese vermutlich sofort auf: Heuharfen. Das sind frei stehende Holzgestelle, die an die Sprossenwände aus dem Turnunterricht erinnern. Man könnte sie auch mit einer sehr breiten Leiter vergleichen, der ein kleines Schrägdach aufgesetzt wurde. Senkrecht stehend, werden die Heuharfen durch seitliche Stellbeine gestützt, damit sie dem Wind trotzen und nicht umgeweht werden. Solch ein einfaches Modell heißt auf Slowenisch »kozolec«.

Die aufwendigeren Konstruktionen mit einer Art Dachboden und Schnitzereien werden hingegen »toplar« genannt, was vom deutschen Wort für »doppelt« abgeleitet ist. Solche »toplari« waren früher richtige Statussymbole, die vom Wohlstand ihrer Besitzer zeugten. Manche erinnern an Heuschober und sind echte Multitalente: Ursprünglich wurden dort Maiskolben, Heu und Getreide getrocknet, später dienten sie als Unterstellplatz für Traktoren und Mähdrescher. Manche sind heute allerdings nur noch ein Gerüst für Werbeplakate.

Im Alpenraum, aber auch anderswo im Norden, Osten und Westen Sloweniens entstanden Heuharfen aus einer Notwendigkeit heraus. Die Böden sind feucht und kalt, zum Trocknen von Heu also nicht wirklich optimal geeignet. Die größte Heuharfe Sloweniens, die Simončič-Heuharfe, stammt von 1936. Man findet sie im Mirna-Tal an der Straße Mirna-Mokronog. Überhaupt soll es in dem Tal an die 500 Heuharfen geben.

Zu den vielleicht schönsten Exemplaren im Land zählt allerdings die Heuharfe beim Feuerwehrhaus von Gozd Martuljek. Hat man die einfache Heuharfe vor der Linse, zeichnet sich nämlich im Hintergrund der Berg Špic ab – ein perfektes Panorama, vor allem am Vormittag ohne Gegenlicht.

Adresse Zgornje Rute, 4282 Gozd Martuljek | Anfahrt Hauptstraße von Jesenice nach Kranjska Gora, in Zgornje Rute vis-à-vis Nr. 92 bzw. 150 Meter vom Feuerwehrhaus (Gasilni dom, Nr. 85) entfernt auf der Wiese | Öffnungszeiten jederzeit zugänglich | Tipp Die zweitgrößte Skiflugschanze der Welt gibt es im zehn Kilometer entfernten Planica zu bestaunen. Im Sommer kann man dort mit der Seilrutsche selbst von der Schanze hinabsausen, einen Indoor-Langlauftunnel oder einen Windtunnel ausprobieren (www.nc-planica.si).

19 Der Wachturm

Die ungarische Weite fest im Blick

Man findet ihn auch ohne genaue Adresse: An der slowenisch-ungarischen Grenze bei Hodoš/Hodos ragt ein schilfgrüner Wachturm empor. Das Auto bleibt am Straßenrand, ein Feldweg führt an Korn- und Maisfeldern vorbei. Kein Schild, kein Mensch weit und breit. Dabei hatte der Turm eine bedeutsame Aufgabe, von hier aus wurden Menschen im Grenzgebiet geortet. In den ersten Jahren des Kalten Krieges wurde der Landstrich zwischen Ungarn und Jugoslawien mit Türmen, Stacheldraht und sogar Landminen gesichert, die ab 1956 allmählich verschwanden.

Wer den Grenzstreifen überblicken will, muss auf den Wachturm. Schmale Stufen führen fast ganz hinauf. Von oben sieht man alles, was man hier sehen muss. Der Grenzübergang versteckt sich hinter Bäumen, und ein Güterzug am Grenzbahnhof mit dem zweisprachigen Schild Hodoš/Hodos – die Hälfte der 280 Einwohner sind ethnische Ungarn – erinnert an eine Schlange, die in einem Kornfeld auf Beute lauert.

Eingeweiht wurden die Bahngleise 1907, um die Region Prekmurje, die damals unter ungarischer Autorität in der Doppelmonarchie stand, mit Budapest zu verbinden. Als die Staatsgrenzen nach dem Ersten Weltkrieg neu gezogen wurden, kam das Prekmurje zum Königreich der Serben, Kroaten und Slowenen (SHS-Staat). Hodoš wurde zum Grenzdorf, ganze Familien wurden getrennt.

Nach dem Zweiten Weltkrieg stellte Ungarn die Bahnverbindung zur Grenze ein, ab 1968 verkehrten auch auf jugoslawischer Seite keine Züge mehr zwischen Murska Sobota und Hodoš. Die Gegend war fast abgeschnitten von der Außenwelt. Es sollte noch bis 1977 dauern, bis der internationale Grenzübergang Hodoš-Bajánsenye eingeweiht wurde, der am häufigsten für Verwandtschaftsbesuche und Einkaufstouren genutzt wurde. Der Beitritt Ungarns und Sloweniens zur Europäischen Union und zum Schengenraum kurbelte den Bahnverkehr an, der Wachturm ging endgültig in Rente.

Adresse Stražni stolp Hodoš, an der Regionalstraße 232 zwischen Hodoš-Bahnhof und Grenze, 9205 Hodoš | Anfahrt ab Hodoš in Richtung ungarische Grenze, den Bahnhof rechter Hand passieren, nach rund 300 Metern an der Straße parken, zu Fuß 200 Meter den Feldweg links hinauf | Öffnungszeiten jederzeit zugänglich | Tipp Ein typisch pannonischer Ziehbrunnen, der als Viehtränke diente, lohnt einen Abstecher. Fährt man in Hodoš-Ortsmitte rechts bergauf, taucht der Brunnen nach etwa 1,5 Kilometern linker Hand vis-à-vis der Abzweigung nach Szalafő auf (Hodoš 83).

20 Die letzten Bergmänner

In der alten Quecksilbermine ist noch was los

»Srečno« heißt »Glückauf«. Das prangt in dicken Lettern über der Stahltür, die in das Einfahrtsgebäude des Antoniusstollens in Idrija führt. 800 Tonnen Quecksilber pro Jahr wurden hier gefördert, das machte die Mine zur zweitgrößten weltweit. Heute lotsen ehemalige Bergmänner Besucher durch die Gänge. Jože Pavšič ist einer von ihnen: Seit gut 40 Jahren arbeitet er in der Quecksilbermine, davon war er 15 Jahre lang unter Tage. Seine schwarze Uniform zieren 28 Goldknöpfe. So viele Jahre zählte die heilige Barbara, die die Bergmänner als Patronin beschützen soll, bei ihrem Tod.

Jeder Besucher bekommt einen Helm und eine Arbeiterjacke, dann geht es los, in den ältesten Bergwerkseingang Europas. Schon um 1500 wurde hier Quecksilber gefördert. Bereits nach wenigen Metern in dem feuchten Gang ist die Kamera beschlagen. Unglaubliche 20 Stockwerke wurden hier in den Berg gesprengt, ein Labyrinth von 700 Kilometern Länge! Besucher werden allerdings nur durch die obersten Etagen geführt. Es geht an lebensgroßen Arbeiterpuppen vorbei. Auf einmal knallt und raucht es. Jože Pavšič zeigt auf eine Puppe mit Maske. Das sei der »šusmajstor«, Schussmajstor ausgesprochen, ein deutsches Lehnwort für den Sprengmeister.

Die Arbeit unter Tage war hart, die Lebenserwartung der Knappen gering. Gerade mal 40 Jahre alt wurden die meisten Bergmänner früher. Das Quecksilber setzte ihnen zu, führte zu Depressionen und Nervenleiden. Die Sprengarbeiten taten ihr Übriges und führten oft zu Taubheit. 1.500 Bergmänner arbeiteten hier, heute sind es noch gut ein Dutzend, die sich um die morschen Stützbalken in der Mine kümmern, die regelmäßig ausgewechselt werden müssen.

Wer sechs Tage pro Woche unter der Erde verbrachte, ohne Sonnenlicht, brauchte Beistand von oben. Den gab es in der Dreifaltigkeitskapelle, die sich ebenfalls im Stollen befindet – und bei der die spannende Besichtigungstour endet.

Adresse Antonijev rov (Rudnik živega srebra), Kosovelova ulica 3, 5280 Idrija, www.cudhg-idrija.si | Anfahrt Regionalstraße 102 bis zur Ortsmitte von Idrija, dort in die Lapajnetova ulica einbiegen und dieser etwa 600 Meter bis zur Brücke Trg Sv. Ahacija folgen | Öffnungszeiten März–Nov. täglich 10–15/16 Uhr, Dez.–Feb. nur am Wochenende; Führungen (1,5 Stunden) auch auf Deutsch, Besuch für Kinder ab 3 Jahre möglich | Tipp Als das Kamšt, ein hölzernes Wasserrad mit Pumpanlage, im Jahr 1790 errichtet wurde, war es das größte seiner Art in Europa. Das Schaufelrad hat einen Durchmesser von 13,60 Metern und dreht sich zehn Gehminuten flussabwärts noch heute für Besucher.

21 Die Dammbauer

Mit Äxten und Ästen sicherten sie die Liebesinsel

Wild bahnte sich die Mur (Mura) ihren Weg durch die Auenlandschaft. Immer wieder trat sie über die Ufer, spülte Häuser, Felder und ganze Landstriche fort. Den unberechenbaren Fluss zu bändigen, war Aufgabe der »büjraši«, der Dammbauer. Das konnte nur werden, wer direkt an der Mur lebte und ihren Lebensrhythmus gut kannte. Die Arbeit war hart: Meterlange Weidenäste mussten abgeholzt, gebündelt, mit Holzpfählen verbunden und später mit Steinquadern verstärkt werden. Mit der Zeit verschlammten und verwucherten solche Konstrukte und sicherten so die Ufer, aber auch das Flussbett. Mit ihren bis zu 13 Meter langen Holzbooten waren die »büjraši« auf dem Wasser unterwegs. Allein ihr Name ist ein Phänomen, denn die slowenische Sprache kennt eigentlich kein »ü«, nur der lokale Dialekt in der Region Prlekija an der Grenze zu Ungarn verwendet es.

An die Männer, die noch vor einem halben Jahrhundert die Mur zähmten, erinnert ein kleines Museum im Uferhaus auf der Liebesinsel (Otok ljubezni) bei Ižakovci. Hier hat die Mur eine naturbelassene Insel herausgespült, die eine Brücke mit Selfie-Herzen ans Festland anbindet.

Die Liebesinsel bietet noch mehr: Gegenüber vom Uferhaus wurde eine nachgebaute hölzerne Schiffsmühle vertäut. Ein großes Mühlrad, das auf zwei Booten befestigt ist, mahlt Buchweizen, Mais oder Weizen zu Mehl. Nur wenige Schritte weiter fasst die Murfähre – eine schwimmende Plattform mit dem Gekreuzigten an der hölzernen Reling – bis zu 50 Passagiere und verbindet die Regionen Prekmurje und Prlekija miteinander.

Unter Platanen soll die frühere Gräfin von Beltinci, Marija Zichy, hier gern gebadet haben. Beim Besuch der schönen Insel müsse man sich einfach in sie verlieben, pflegte die Adelige wohl zu sagen. Böse Zungen behaupten allerdings, sie habe sich hier mit ihrem Geliebten getroffen, daher rühre der Name »Liebesinsel«.

Adresse Otok ljubezni, Ižakovci 99, 9231 Beltinci | Anfahrt A 5, Ausfahrt 6 Vučja vas/Ormož, durch Veržej durch, die Mur passieren, nach 1,2 Kilometern rechts nach Ižakovci in die Železniška ulica, in Ižakovci rechts halten, in Richtung Mur und »Otok ljubezni« in ein Waldstück abbiegen, dort zum Parkplatz mit Camper-Stellplätzen | Öffnungszeiten jederzeit zugänglich | Tipp Im Souvenirladen auf der Liebesinsel gibt es regionale Spezialitäten wie geröstete Kürbiskerne, die das soziale Unternehmen Pomelaj in Velika Poljana, 16 Kilometer östlich, herstellt. Angemeldeten Besuchern zeigt man auf dem alten pannonischen Gehöft gern, wie Mais- und Weideflechtprodukte hergestellt werden (www.pomelaj.si).

22 Die Rex

Wo die kleine Schwester der Titanic sank

Die Küstenstraße zwischen Izola und Koper war lange ein Nadelöhr für den Verkehr. Seit die Autos über einen Tunnel umgeleitet werden, ist der Stau mit unverstelltem Meerblick Vergangenheit. Das Ufer gehört nun den Spaziergängern und Radfahrern. Die Idylle verschweigt jedoch, was hier im Zweiten Weltkrieg passiert ist. Nur eine winzige Plakette an einem Felsen erinnert daran, dass an dieser Stelle 1944 die »Rex« vor der Küste sank. Sie galt als das größte und schnellste transatlantische Passagierschiff, das bis dahin in Italien gebaut worden war. Ihre Ausmaße waren gigantisch: 40 Meter hoch, bot sie über 2.000 Passagieren Platz. Nach ihrem Stapellauf 1932 war sie zunächst ein Kreuzfahrtschiff, zu Kriegszeiten beförderte sie verwundete Soldaten und war bis 1940 im Einsatz. Da ihr Heimathafen Genua nicht sicher war, brachte man sie nach Triest.

Im September 1944 lief die Rex an einer flachen Stelle vor Koper auf Grund – nur 200 Meter vom Ufer entfernt. Zwei Tage lag das Schiff halb gekentert im Wasser, ehe es von Fliegern bombardiert wurde und vier Tage lang brannte. Die Alliierten wollten verhindern, dass es die Hafeneinfahrt nach Triest blockierte. Es wurde später geplündert, und nach dem Zweiten Weltkrieg ließ Jugoslawien, auf dessen Hoheitsgebiet die Rex lag, das Schiff verschrotten.

Lange hielt sich das Gerücht, der Anker auf dem Platz Kongresni trg im Zentrum von Ljubljana stamme von der Rex, was sich jedoch nicht bewahrheitete. Das Denkmal in der Hauptstadt wurde später geschmiedet und soll daran erinnern, dass Slowenien eine Seefahrernation und ein Meeresanrainer ist.

Ein Leinwand-Denkmal setzte Kult-Regisseur Federico Fellini der Rex 1973 mit seinem Film »Amarcord«, was im Dialekt von Rimini übrigens so viel wie »Ich erinnere mich« bedeutet. In einer Szene strömen die Menschen ans Ufer, um das imposante Schiff aus der Nähe zu bestaunen, das allerdings nur eine nachgebaute Kulisse war.

Adresse Pristaniška ulica (Obalna pot/Uferstraße), 6310 Izola | Anfahrt A 1, Ausfahrt Koper, den Schnellstraßen H 5 und H 6 in Richtung Izola folgen, am Kreisverkehr vor Izola 1. Ausfahrt nach Ruda-Valeta nehmen, in der Nähe des Geschäfts Merkur parken und zu Fuß 15 Minuten auf der autofreien Uferstraße in Richtung Koper gehen; in der Bucht nahe dem Strand »Rex« kleine Gedenkplakette am Ufer | Öffnungszeiten jederzeit zugänglich | Tipp Die Uferpromenade (Lungomare) in Koper führt zunächst am modernen Stadt- und Sportpark vorbei, ehe sie einen Knick in Richtung Izola macht. Stylishe Holzliegen auf der Wiese, Stahlinstallationen, Bachläufe im Beton und Riesen-Trampoline: alles da und kostenlos.

23 Die Holzbahn

Ohne »bremzar« gab es kein Halten

Eine Waldbahn, die komplett aus Holz ist? Was nach einem nachhaltigen Zukunftsprojekt klingt, gab es schon 1869 auf slowenischem Boden. Dort konstruierte der Forstexperte Mauritius (Mavricij) Scheyer solch eine Bahn zum Abtransport von Baumstämmen. Nur Räder und Beschläge waren nicht aus Holz.

Scheyer, der aus einer deutschsprachigen Familie aus dem tschechischen Teil der Monarchie stammte, hatte als Oberförster in Idrija bereits die »Lauf« entworfen, die als erste Waldbahn in Österreich-Ungarn galt. Nun sollte er dasselbe im Osten des heutigen Slowenien tun, damit Holz aus dem schwer zugänglichen Jatna-Wald abtransportiert werden konnte.

Die »Holzbahn Ratschach«, wie sie hieß, begann auf einer Hügelkuppe bei Počakovo. Die Trasse war 4,17 Kilometer lang und hatte eine Spurbreite von 84,80 Zentimetern. Das Bremssystem, bei dem Vorder- und Rückbremse gleichzeitig zogen, war etwas Neuartiges. Scheyer ließ sich den »Selbstbremser« patentieren. Nach dem Entladen der Baumstämme im Tal wurde die Holzbahn mit einem Sechser-Pferdegespann wieder den Berg hinaufgezogen, und das Ganze begann von vorne. An sechs Tagen pro Woche war die Holzbahn – übrigens eine von 29 auf slowenischem Boden – im Einsatz. 1950 wurde sie abmontiert, vereinzelt erkennt man ihre Gleise allerdings noch.

Im Dörfchen Jagnjenica, wo früher ein Dampfsägewerk stand, erinnert ein Waggon mitsamt Infotafel an vergangene Zeiten. Er wurde direkt neben der Hauptstraße platziert. Von der Holzbahn zeugt auch ein Haus, das die Dorfbewohner bis heute nach seinem Standort benennen: »za ponom«, was sich vom Deutschen »hinter der Bahn« ableiten lässt. Überhaupt finden sich viele Lehnwörter aus dem Deutschen im Eisenbahnjargon wie »ajzenpon« (Eisenbahn), glajz (Geleise), bremzar (Bremser), veksl (Weiche), štreka (Strecke) oder šina (Schiene). Und wenn der Zug entgleiste, hieß das »ausglajzanje«.

Adresse Gozdna železnica, Jagnjenica, 1433 Radeče | Anfahrt A 1, Ausfahrt Trojane/ Zagorje, 37 Kilometer bis Radeče, dort rechts abbiegen und 5 Kilometer bis Jagnjenica, auf der Regionalstraße 665 in die Ortsmitte von Jagnjenica fahren, schräg gegenüber dem Feuerwehrhaus (Gasilski dom) an der Einmündung nach Svibno | Öffnungszeiten jederzeit zugänglich | Tipp In Radeče-Obrežje überspannt eine nostalgische Eisenbrücke von 1894 die Save, die den Fußgängern und Radfahrern vorbehalten ist. Bei ihrer Einweihung galt sie mit ihren 84 Metern Länge und 6 Metern Breite als eine der imposantesten Brücken der Monarchie.

24 Der Schwarze Grottenolm

Im dunklen Mini-Drachen steckt der Krampus

Den Grottenolm kennt in Slowenien jedes Kind. Er kann bis zu 100 Jahre alt werden und ist so träge, dass er sich höchstens fünf Minuten pro Tag bewegt und schon mal zwölf Jahre ohne Nahrung auskommt. Blind lebt er in der Unterwelt des Karstes. Seine helle Farbe erinnert an menschliche Haut, daher heißt der Grottenolm auf Slowenisch »Človeška ribica«, das »Menschenfischlein«. So weit die Eckdaten zum wohl ungewöhnlichsten Tier Sloweniens.

Doch halt – eigentlich geht es hier nicht um ihn, sondern um seinen Verwandten. Der gilt zwar auch als Höhlentier, jedoch hat er ausgeprägte Augen und eine dunkle Färbung. Dieser Schwarze Grottenolm ist so selten, dass er bislang erst an zwei Stellen gesichtet wurde. Karstforscher fanden ihn erstmals 1986 im flachen Flussbett bei der Doličica-Quelle, vier Jahre später tauchte ein weiteres Tier zehn Kilometer entfernt bei der Jelševnik-Quelle auf.

Das Tier bekam den wissenschaftlichen Namen des Grottenolms, Proteus anguinus. Aufgrund seiner dunklen Farbe verpasste man ihm noch den Zusatz »parkelj«, wie der Krampus oder Knecht Ruprecht auf Slowenisch heißt. Wie er zu seiner Färbung kommt, ist unklar. Möglicherweise handelt es sich bei ihm um eine Unterart des Grottenolms, die bei Licht allmählich eine dunklere Pigmentierung bekommen hat.

Die Jelševnik-Quelle ist der einzige Ort, an dem man den Schwarzen Grottenolm in seiner natürlichen Umgebung erleben kann – mit Hilfe einer Kamera. Familie Župančič, die dort einen touristischen Bauernhof betreibt, hat dazu ein Beobachtungszelt aufgestellt. Durch eine Ausstellung, einen Film und eine Führung nähert man sich dem faszinierenden Tier. Eine Skulptur stammt vom akademischen Bildhauer Boštjan Kavčič aus Črnomelj. Wie der Schwarze Grottenolm unter der Erde wirklich lebt, bleibt allerdings sein wohlgehütetes Geheimnis. Darin ist er echt gut, immerhin konnte er sich 300 Jahre länger als sein hellhäutiger Artgenosse vor den Menschen verstecken.

Adresse Domačija Župančič, Jelševnik 8, 8340 Črnomelj, www.crni-moceril.si | **Anfahrt** ab Črnomelj Ulica heroja Stariha, 2. Ausfahrt im Kreisverkehr, etwa 2,3 Kilometer bis Svibnik, links auf Stražnji vrh, nach 500 Metern Richtung Jelševnik abbiegen, dann leicht rechts halten | **Öffnungszeiten** Do–So 10–12 und 18–20 Uhr, Besichtigung nur nach Voranmeldung unter Tel. +386/(0)31/632636 | **Tipp** Nur 2,5 Kilometer lang ist der Karstfluss Krupa, der unter einer senkrechten Felswand inmitten sattgrüner Landschaft entspringt. Ab Jugor fährt man in Richtung Semič, dann in Richtung Krupa.

25 Die Herzerlbank

Schon die Kreuzritter waren begeistert

Die Weinberge bei Jeruzalem wirken, als habe jemand mit dem Kamm Wellenlinien gezogen. In geschwungenen Reihen ziehen sich die Rebstöcke terrassenförmig über die Hügel. Eine Kirche mit spitzem Turm rundet das Bild ab, und alles wirkt so malerisch, dass man eigentlich gar nicht mehr wegmöchte. Schon gar nicht, wenn die Herzerlbank im Weinberg, die sich gleich unterhalb des Parkplatzes versteckt, gerade frei ist. Das Bankmodell gibt es zwar auch anderswo in Slowenien, doch das hier ist ein absoluter Lieblingsort, den man sich merken muss!

Auch die Kreuzritter, die gerade auf dem Weg ins Heilige Land waren, sollen schon von der Gegend geschwärmt haben. Als sie hier durchkamen, riefen sie angeblich begeistert aus: »Das muss Jerusalem sein!«, und blieben. Eine andere Legende besagt, dass die Kreuzritter bereits auf dem Rückweg von Jerusalem gewesen sein sollen. Sie hatten eine Pietà, eine Darstellung der trauernden Muttergottes, im Gepäck und zogen ebenfalls nicht weiter. Eine Kopie des Gemäldes findet sich heute in der Kirche des slowenischen Jeruzalem. Dort erinnert auch ein schwarzes Ordenskreuz daran, dass hier vor dem Bau der Kirche eine Kapelle der Kreuzritter stand. Nach einer überstandenen Pestepidemie errichtete man an dieser Stelle eine Kirche.

Doch welche Legende stimmt? Fakt ist, dass Friedrich I. die Gegend im 13. Jahrhundert dem deutschen Kreuzritterorden überließ, der sich mit dem Weinanbau eine lukrative Einkommensquelle sicherte.

In der Gegend um Jeruzalem-Ormož werden 10.000 Hektar Rebfläche bestellt, darunter ist auch der Weißwein Šipon (Furmint). Sein Name ist ebenfalls mit einer Legende verbunden: Napoleon Bonaparte soll nach dem Trinkgenuss so begeistert gewesen sein, dass er sagte: »C'est bon!« Und das klang in slowenischen Ohren eben wie »Šipon«. Der »Das-ist-gut-Wein« gedeiht übrigens nur in der Region Slowenien, Kroatien, Österreich und Ungarn.

Adresse Klopca ljubezni (Liebesbank), Jeruzalem, 2259 Ivanjkovci | Anfahrt ab Ptuj die Regionalstraße 2 nach Ormož, ab dort der Beschilderung nach Jeruzalem folgen, Bank in Jeruzalem unterhalb des Parkplatzes hinter dem Gebüsch | Öffnungszeiten jederzeit zugänglich | Tipp Der weltgrößte Klapotez/Klopotec, ein hölzernes Windrad mit über 20 Metern Durchmesser, dreht sich von August bis Anfang November etwa 15 Autominuten von Jeruzalem entfernt in Hermanci/Presica (Hermanci 28, 2275 Miklavž pri Ormožu).

26 Die alte Hüttensiedlung

Fotoplakate für die Stahlarbeiter

Jesenice taucht gleich nach dem Karawankentunnel auf: Weißgetünchte Häuser kleben am Hang, der hohe, alte Schornstein trägt Reklametafeln. Wo er früher rauchte, wurde schon im 16. Jahrhundert Eisenerz geschmolzen. Vor einigen Jahren wurde das alte Hammerwerksgelände Stara Sava (Alte Save) aufgehübscht, der Mühlbach schlängelt sich durch ein neu gepflastertes Areal, er trieb früher die Wasserturbinen in der Eisenhütte an. Die Überreste des Stahlwerks, Hochofens, Kohlendepots und Arbeiterheims sind heute ein Museum.

Die offene Halle auf dem frei zugänglichen Gelände lohnt einen Blick. Mächtige Betonsäulen tragen nicht nur das Dach, sondern wurden zu Fotosäulen umfunktioniert. Auf großflächigen Schwarz-Weiß-Plakaten sind Werktätige in Nahaufnahme abgebildet, darunter wurden ausgemusterte Maschinen platziert. Die Halle ist so groß, dass sogar drei alte Lokomotiven in eine Ecke passen. Mit einer Spurbreite von 760 Millimetern tuckerten diese durch die Anlage. Für Bahnfans: Es sind eine 1907 gebaute Dampflokomotive O-I (Krauss & Co, Linz), eine O-VIII (Orenstein & Koppel, Berlin 1922) und die Elektrolokomotive E-II (Elin, Wien 1932).

Das alte Stahlwerk der »Krainischen Industriegesellschaft KIG« war das Herzstück der Industrialisierung in der Oberkrain. 1941, nach dem Einmarsch der Wehrmacht, wurde hier Stahl für Flugzeugteile produziert. Viele aus der Belegschaft schlossen sich den Partisanen an. 1945 wurde die Umgebung von den Alliierten bombardiert. Unter Tito nahm die Stahlproduktion Fahrt auf, mehr als 7.000 Werktätige standen hier in Lohn und Brot.

1992 wurde die »Železarna Jesenice« in kleinere Unternehmen aufgesplittet und privatisiert. Die Hochöfen sind bereits in den letzten Jahren Jugoslawiens verschwunden, Spezialstahl wird in Jesenice aber immer noch produziert. Am Standort Stara Sava erinnert man sich jedoch zunehmend an das alte Industrieerbe, auf das man früher stolz war.

Adresse Fužinarsko naselje »Stara Sava«, Cesta Franceta Prešerna 45, 4270 Jesenice, www.gmj.si/stara-sava | Anfahrt A2, Ausfahrt 2 Lipce, der Straße Lipce, später Cesta 1. maja und der Save in Richtung Zentrum folgen, dann rechts in die Ulica Franceta Prešerna, die Save überqueren, beim Einkaufszentrum (Schornstein mit Reklame) rechts halten, um aufs Gelände zu kommen | Öffnungszeiten Außengelände tagsüber zugänglich | Tipp Der Alte Erzweg (Stara rudna pot) führt über 8,3 Kilometer zur ehemaligen Eisenerzlagerstätte Savske jame. Unterwegs erfährt man auf Slowenisch und Englisch an zehn Infotafeln mehr über das Leben der Bergmänner und Hammerwerksleute der Region.

27 Der Bahnhof

Fassade mit Facettenaugen

Wer mit der Eisenbahn von München nach Bled oder Ljubljana reist, kennt den ersten Stopp gleich nach dem Karawankentunnel: den Bahnhof Jesenice. Alles wirkt hier ein wenig überdimensioniert. Ein markanter grauer Gebäudequader und viele Gleise und Bahnsteige prägen den früheren jugoslawischen Grenzbahnhof. Seit dem Beitritt Sloweniens zur Europäischen Union und zum Schengenraum stehen noch mehr Büros von Polizei und Zoll leer, ein Hostel ist schon länger angedacht.

Der Bahnhof von Jesenice taucht im Roman »Die Wiederholung« (1986) auf, für den Literaturnobelpreisträger Peter Handke mehrere Jahre recherchierte. In seinem Roman schickt er seinen Protagonisten Filip Kobal auf der Suche nach dem im Krieg verschollenen Bruder auch nach Jesenice, das in den damaligen Schulkarten »in Klammern noch altösterreichisch Aßling« hieß. Handke beschreibt nicht nur die »runden weißen Fersen der Serviererin in Jesenice«, die in »hinten offenen Kellerinnenschuhen« steckten, sondern bezeichnet den Ankunftsort auch einen »finsteren Grenzbahnhof in einer nordjugoslawischen Stadt«.

Finster? Gut, Grenz- und Zollbeamte hatten nicht immer ein Dauerlächeln auf den Lippen, auch spart das Bahnhofsgebäude mit lichtdurchfluteten Elementen. Dafür gibt es ein spannendes Detail, das selten ist: Der ganze Bau hat sechseckige Fenster! Diese sind vertikal ausgerichtet und erinnern ein wenig an Mandelaugen. Architekt war 1955 Stanislav Rohman, der in Prag, München und Ljubljana studiert hat und das legendäre Hotel »Slon« im Zentrum der slowenischen Hauptstadt entwarf.

Der alte Bahnhof von Jesenice wurde übrigens 1945 durch einen Luftangriff der Alliierten zerstört. Aßling war damals noch ein Eisenbahnknoten. Die Kronprinz-Rudolf-Bahn nach Italien wurde in den 1960er Jahren eingestellt, der Abschnitt Tarvisio–Jesenice wurde aufgelassen und ist heute ein Radweg, der alles andere als »finster« ist.

Adresse Železniška postaja, Cesta maršala Tita 19, 4270 Jesenice | **Anfahrt** A 2, Ausfahrt 2 Lipce, der Beschilderung in Richtung Zentrum und Bahnhof folgen | **Tipp** Mehrmals pro Jahr verkehrt der nostalgische Museumszug mit einer alten Dampflok zwischen Jesenice und Nova Gorica. Mit dem Bus geht es dann weiter zu den Winzern in der Hügelregion Goriška Brda (www.bohinj.si).

28 Das Burgtor

Die geizige Gräfin schlug es kaputt

Ohne sie geht in Kamnik nichts: Veronika. Die Gräfin, die hier im Mittelalter herrschte, scheint das Alpenstädtchen bis heute für sich einzunehmen. Veronika prägt das Stadtwappen, nach ihr sind ein Kinderfest und ein alljährlicher Laufwettbewerb benannt. Seinen Cappuccino schlürft man in der Altstadt – Sie ahnen es – in der »Kavarna Veronika«. So viel Aufmerksamkeit macht neugierig. Hört man sich ein wenig um, scheint die Adelige jedoch nicht überall beliebt gewesen zu sein. Im Gegenteil!

Um mit eigenen Augen zu sehen, was ihr nachgesagt wird, muss man auf die Kleine Burg, Mali grad, hinauf. Am Hang zweigt der Fußweg zu einem Steintor mit schwarzem Eisengitter ab. Doch was ist da auf der rechten Seite? Eine Einkerbung. Sicher, das ist nichts Ungewöhnliches für ein mittelalterliches Tor.

Wäre da nicht eine Legende: Als Gräfin Veronika in Kamnik herrschte, baten sie drei Brüder, die Priester werden wollten, um Geld für den Bau einer neuen Kirche. Die Adelige reagierte daraufhin ziemlich ungehalten. Sie geriet außer sich, weil sie »angebettelt« wurde, und rammte ihre Faust ins Burgtor. Das soll der Abdruck sein, den man bis heute auf der rechten Seite erkennt. Zugleich beteuerte Veronika, dass sie sich eher in eine Schlange verwandeln würde, als Geld für dieses lächerliche Vorhaben zu geben. Der Himmel erhörte den Fluch der geizigen Gräfin, und im selben Augenblick verwandelte sich ihr Unterleib in den einer Schlange. Halb Tier, halb Frau, wurde sie vom sich öffnenden Erdboden verschluckt. Die Priester hingegen bauten mit Veronikas Geld, während diese unter dem Burgberg ihren verbliebenen Reichtum hüten soll.

Das klingt nach einer netten Legende? Mag sein. Hätte da nicht der Universalgelehrte Johann Weichard von Valvasor schon in seinem berühmten Geschichtswerk »Die Ehre des Hertzogthums Crain« 1689 über die geizige Gräfin geschrieben, die es also zumindest wirklich gab.

Adresse Samostanska ulica, 1241 Kamnik | Anfahrt ab Ljubljana Regionalstraße 104 bis Mengeš, dann Regionalstraße 225 bis Kamnik-Zentrum, zwischen Glavni trg und Šutna; Aufgang zum Burgtor nahe dem Café Kavarna Veronika, gelbes Schild »Mali grad« | Tipp Vor seiner Zeit als jugoslawischer Staatspräsident arbeitete Josip Broz Tito als Schlosser in der Titan-Fabrik in Kamnik, die es heute noch gibt. 1911/12 wohnte er ein paar Häuser weiter in der Kovinarska cesta 20, wo eine Gedenktafel an ihn erinnert.

29 Attilas Wanderpfad

Der Hunnenkönig war auch schon da

Wo auch immer Hunnenkönig Attila hinkam, wuchs anschließend nichts mehr, so die Legende. Vor über 1.500 Jahren zog der gefürchtete Heerführer von Ungarn in die österreichische Steiermark und kam dabei durch das heutige Slowenien. Nur acht Jahre währte sein Reich, das sich von der Donau bis zum Baltikum erstreckte, ehe Attila 453 in Pannonien starb. Es heißt, er sei in der Hochzeitsnacht an Nasenbluten erstickt. Die Totengräber, die ihn begruben, wurden anschließend selbst aus dem Weg geschafft, damit niemand erfuhr, wo sich Attilas Grab befand.

Das ist tatsächlich bis heute nicht eindeutig geklärt. Vielleicht fand Attila seine letzte Ruhe in Ungarn, vielleicht in Österreich. Schriftliche Quellen gibt es nicht, was bleibt, ist der Mythos. Immer wieder stößt man jedoch auf die Geschichte, dass der rätselhafte Hunnenkönig in einem dreifachen Sarg aus Gold, Silber und Eisen bestattet worden sein soll.

Doch was hat Attila mit dem Landstrich Prlekija zu tun? Der Überlieferung nach soll er südöstlich von Kapelski vrh bei Radenci gelebt haben. Dort gibt es einen Ort, der Gradišče oder Šutjov gaj genannt wird, auf einer kleinen Anhöhe mit Buchen und einem ehemaligen Wassergraben. Hier sei einst die Festung des Grafen Kocjan gestanden, die Attila eingenommen haben soll. Man erzählt sich, dass Attila dort bis zu seinem Tod gewohnt habe. Vielleicht wurde er ja sogar dort begraben?

Mit den Steinen der Burg soll die Kirche der heiligen Maria Magdalena auf dem Weinberg Kapelski vrh bei Radenci auf 314 Metern Meereshöhe gebaut worden sein. Von hier oben reicht der Blick bis zum Balaton und nach Zagreb. Man soll von der Hügelspitze sogar 45 Kirchen sehen! Eine Etappe des Attila-Pfads (Atilova pot), der in Radenci beginnt, verbindet diese beiden Orte miteinander und führt durch einen Wald. Es ist einer der schönsten Abschnitte entlang des fast 13 Kilometer langen Attila-Wanderpfads.

Adresse Kapelski vrh 93, 9252 Radenci | **Anfahrt** ab Radenci-Zentrum der Kapelska cesta über Paričjak etwa 4 Kilometer folgen, am Ende der Straße vor dem Kapellenhügel links abbiegen, nach 100 Metern parken und den Weg hinauf nehmen | **Öffnungszeiten** jederzeit zugänglich | **Tipp** Unterhalb der Kirche kommt man an der Weinfontäne »Vinska fontana Kapela« vorbei, wo man drei Sorten selbst zapfen und die tolle Aussicht genießen kann (Mo–Do 14–21 Uhr, Fr 14–22 Uhr, Sa, So 10–22 Uhr).

30 Das Thermalbad

Planschen kann man auch im Wald

Sonnenschein, ein erfrischendes Bad und reichlich Schatten. Was braucht es mehr zum perfekten Sommerglück? In der Klevevžka toplica kann man dieses Komplettpaket erleben. In der Natur-Therme badet man mitten im Wald, kostenlos und sogar zu jeder Jahreszeit. Vom Parkplatz geht es steil hinab zur »Terme Klevevž«, an der hübsch restaurierten Mühle vorbei. Über eine winzige Holzbrücke gelangt man direkt zum »Pool«, der von einer Natursteinmauer eingefasst ist. Früher wurde hier Wäsche gewaschen, längst schon trifft man sich zum gepflegten Herumdümpeln im »Open Air Spa« unter freiem Himmel und Baumwipfeln.

Ein älterer Herr mit Glatze pflegt den Small Talk: Er sei jeden Tag hier, sogar im Winter! Das mag man sich als Sommertyp gar nicht so recht vorstellen: Eiszapfen an den Ästen und blaue Lippen im Bikini. Als könne er Gedanken lesen, fügt der Badegast hinzu, dass er niemals krank sei.

Mit Eisbaden in Sibirien hat die Quelle jedoch nichts gemeinsam. Das Besondere an dem Wasser ist die angenehme Temperatur. Rund 25 Grad Celsius werden hier gemessen, und das nur durch natürliche Erwärmung. Das Geheimnis der warmen Quelle findet sich im Erdinneren, unterhalb des alten Burgbergs von Klevevž, dem alten Klingenfels. Dort entspringt die Thermalquelle in einer von zwei 700 Meter langen Höhlen. Das warme Wasser wird durch den Bach Radulja ins Badebecken hinausbefördert. Wie das genau funktioniert? Das hängt mit einer sogenannten Verwerfung oder Störung mit dem Namen »Škocjanski prelom« im Erdinneren zusammen.

Von den Höhlen, die nur Forscher und Fledermäuse zu Gesicht bekommen, nicht jedoch Besucher, berichtete schon der Universalgelehrte Johann Weichard von Valvasor im 17. Jahrhundert. Übrigens: Das gleiche warme Thermalwasser aus diesem geologischen Verwerfungsgebiet wird im beliebten Thermalbad Smarješke Toplice genutzt – nur eben nicht kostenlos wie hier.

Adresse Klevevška toplica, Grič pri Klevevžu 2, 8220 Šmarješke Toplice | Anfahrt A 2, Ausfahrt 28 Kronovo, etwa 7 Kilometer in Richtung Šmarjeta / Zbure, links abbiegen, wo sich die Straßen Grič pri Klevevžu und Zbure das erste Mal kreuzen, knapp 3 Kilometer geradeaus, der Beschilderung »Klevevški grad« folgen | Öffnungszeiten jederzeit zugänglich | Tipp Der »Cviček« wird aus mehreren Rot- und Weißweinsorten gekeltert und gilt als »slowenischer Sonderling«. Selbst zapfen geht im Sommer an der Weinfontäne auf dem Hauptplatz von Šmarjeta, den man in wenigen Autominuten erreicht (So–Do 11–20 Uhr, Fr, Sa 11–21 Uhr).

31 Die kleine weiße Stadt

Wo Hemingway nie war und Geschichte schrieb

In Kobarid trifft man auf Ernest Hemingways Spuren – obwohl der amerikanische Schriftsteller vermutlich selbst nie hier war. Dafür taucht die Stadt in seinem 1929 erschienenen Roman »A Farewell to Arms« auf, dessen deutscher Titel »In einem anderen Land« lautet. In dem Buch geht es um die Schlachten am Fluss Isonzo, den die Slowenen Soča nennen und die im Ersten Weltkrieg Hunderttausende Tote und Verwundete forderten. Hemingway beschreibt darin »eine kleine weiße Stadt mit einem Campanile im Tal«, lobt diese für ihre Sauberkeit und einen schönen Brunnen auf dem Platz. Das könnte Kobarid sein, das italienische Caporetto und deutsche Karfreit.

Als Hemingway im Sommer 1918 im Nordosten Italiens ankam, lag der Rückzug der italienischen Truppen aus der Gegend um Soča/ Isonzo schon neun Monate zurück. Hemingway meldete sich beim Amerikanischen Roten Kreuz als ehrenamtlicher Krankenwagenfahrer. Als er in einem Unterstand Schutz suchte, wurde er verwundet und nach Mailand verlegt – ohne je in Kobarid gewesen zu sein.

In seinem Roman erlebt sein Icherzähler Frederic Henry ähnliche Dinge: Als Sanitäter bezieht er zunächst »ein Haus bei Gorizia«, dem alten Görz. Später bandelt er, ebenfalls schwer verwundet, mit einer Krankenschwester an. Die Slowenen, die als eines von vielen Völkern in der multiethnischen Armee Österreich-Ungarns kämpften, werden im Roman nicht erwähnt. Der Feind der Italiener sind mal »die Österreicher«, mal ist von Kroaten, Ungarn oder Bosniern die Rede.

In Kobarid finden sich Kirchturm, Hauptplatz und ein Bed & Breakfast mit dem Namen »Hemingway«. Ein Muss ist das private Museum von Kobarid (Kobariški muzej), in dem sich alles um die Kriegsereignisse an der Isonzo-Front dreht. Erst im unabhängigen Slowenien begann man mit der Aufarbeitung. Das Museum wurde dafür 1993 vom Europarat ausgezeichnet. Auch Hemingway hat dort seine Ecke bekommen.

Adresse Kobariški muzej, Gregorčičeva 10, 5222 Kobarid, www.kobariski-muzej.si | Anfahrt über die Regionalstraßen 203 (von Bovec) oder 103 (von Ljubljana) bis Kobarid-Zentrum, dort Parkplätze in der Stresova ulica 20 oder am Hauptplatz von Kobarid | Öffnungszeiten Juli, Aug. täglich 10–20 Uhr, Mai, Sept. täglich 9–18 Uhr, Okt.–März täglich 10–17 Uhr | Tipp Der »Weg des Friedens« (Pot miru) führt zu Soldatenfriedhöfen, Kavernen und Beinhäusern bei Kobarid und Tolmin und zur Gedenkkirche in Javorca, die an die österreichischen Gefallenen erinnert. Infos gibt es im Informationszentrum (gegenüber des Museums).

32 Die Gottscheer

Deutschen Dialekt spricht hier keiner mehr

Wenn jemand lechr (Löcher) im pfeit (Hemd, in Bayern »Pfoad«) hatte, musste er das endrn (ändern). Das machten die Frauen früher von hont (Hand) im hausch (Haus), während khint (Kind) und hond (Hund) spielten. Alles klar? Kompliment! Diese ungewohnt klingenden Wörter entstammen nämlich einem südbairischen Dialekt, dem »Gottscheer Deutsch«. Den pflegten die Siedler in der deutschen Sprachinsel Gottschee, dem heutigen Kočevje im Südosten von Slowenien, lange Zeit.

Die Fronleichnamskirche am Stadtrand ist einer der wenigen Orte, wo man diesen Dialekt noch erlebt: Eine zweisprachige Tafel – Slowenisch und Gottscheer Deutsch – erinnert an die einstigen Siedler und ihre fast vergessene Mundart.

Die Geschichte der Gottscheer Deutschen beginnt im 14. Jahrhundert. Damals erhielten die Kärntner Grafen von Ortenburg ein Lehen in der Unterkrain. Sie holten Bauern aus Kärnten und Tirol in die dicht bewaldete Gegend um den Hornwald (Kočevski rog), wo heute Braunbären durchs Unterholz streifen. Das »Gottscheer Land« umfasste 177 Ortschaften, in denen 25.000 Menschen lebten. Das Zentrum war das alte Gottschee, in dem es noch Spuren der damaligen Siedler zu entdecken gibt. Die Villa Beljan in der Ljubljanska cesta 27 ist nun ein Gasthaus, und wer ins Zentrum für Soziales in der Ljubljanska cesta 9 will, besucht ebenfalls ein altes Haus der Gottscheer. Oftmals sind aber nur noch verwachsene Grundmauern und alte Obstbäume da, die daran erinnern, dass hier mal ein deutsches Dorf stand. Von den einst 123 Kirchen sind rund 100 für immer verschwunden.

Die Geschichte der Gottscheer Deutschen auf slowenischem Boden endete 1941. Mit Hitlers Jugoslawienfeldzug fiel die Gegend zunächst an Italien, die Deutschen wurden in die Unterkrain umgesiedelt oder flüchteten. Die meisten fanden in Österreich, Deutschland oder Amerika eine neue Heimat.

Adresse Cerkev Presvetega Rešnjega Telesa (Fronleichnamskirche), Trata XIII, 1330 Kočevje | Anfahrt ab Ljubljana die Regionalstraße 106 etwa 60 Kilometer nach Südosten fahren, im Zentrum von Kočevje (Ljubljanska cesta) auf die Kolodvorska cesta nach Nordosten, nach 300 Metern auf der Straße Trata XIV nochmals 200 Meter weiter, dann in die Straße Trata XIII einbiegen, dieser 200 Meter zur Kirche folgen | Öffnungszeiten Kirchengelände mit Tafel an der Außenwand tagsüber zugänglich | Tipp Im Šeškov dom erzählt eine Ausstellung von der Ansiedelung und dem Verschwinden der Gottscheer Deutschen. Spannend sind die vielen mit deutschen Texten versehenen Fotos, die die Orte früher und heute zeigen (Prešernova ulica 11, www.kocevsko.com).

33 Die Comicwand

Lokale Invasion der Phantasiehelden

Vermutlich bringt man das Alpenstädtchen Kranj, das alte Krainburg, eher mit geschuppten Ziegeldächern und roten Balkongeranien in Verbindung als mit Außerirdischen. Doch mitten in der hübsch sanierten Altstadt von Kranj sind die Invasoren los! Als kunterbunte Street-Art-Kunst wird die Geschichte der Stadtgründung erzählt – als Comic in mehreren Bildern an der Außenmauer der modernen Stadtbücherei.

Wer Slowenisch oder Englisch versteht, kann sich den Text in den Sprechblasen leicht erschließen. Um die Erzählung jedoch noch besser zu begreifen, sollte man den Škrlovec-Turm mit seiner markanten Spitze besuchen, der zur alten Stadtbefestigung gehört. Gelegentlich finden dort Ausstellungen statt. Der Škrlovec-Turm ist schmuck, keine Frage. *Ein* Zwerg liebt ihn jedoch so heiß und innig, dass er ihn um jeden Preis mit nach Hause nehmen will. Mit diesem Bild beginnt der Comic, der historische Fakten und Phantasiewelten ganz wunderbar miteinander vermischt. Schließlich taucht der Grundriss der Stadt auf einem Flugzeugträger auf, ehe es dem Zwerg gelingt, den Škrlovec-Turm tatsächlich zu entwenden. Dass der Zwerg die Stadtbewohner mit Waffen versorgt, hat einen geschichtlichen Hintergrund: In dem Turm wurden früher tatsächlich Waffen gelagert.

Im Epilog der öffentlichen Bildergeschichte wendet sich schließlich alles zum Guten. Der in den Turm verliebte Langfinger bekommt von einem Verwandten, dem Zwerg Perkmandeljc, einige Silbermünzen geschenkt. Es sind so viele, dass er sich damit das Bauwerk kaufen kann. Und so steht der Škrlovec-Turm heute noch in Kranj und ist für alle zugänglich.

Die Street-Art stammt vom Aleksander J. Potočnik, der von den beiden Nachwuchskünstlern Tim Pregrad und Žiga Rautner Unterstützung bekam. Man habe etwas Typisches für die Stadt entwerfen wollen, nicht etwas komplett Fiktives, so die Idee dahinter.

Adresse Mestna knjižnica Kranj, Gregorčičeva ulica 1, 4000 Kranj | **Anfahrt** A2, Ausfahrt Kranj-vzhod, der Beschilderung »Kranj-center« folgen, Parkplätze rund um die Ortsverwaltung (Slovenski trg 1) | **Öffnungszeiten** jederzeit zugänglich | **Tipp** Ein 27 Meter hoher Riesen-Mammutbaum (Sequoia) wächst neben dem Gymnasium von Kranj. Da sich dort ein Parkplatz befindet, begann sich der Baum aufgrund des Drucks auf seine Wurzeln immer weiter zu neigen und musste schließlich angebunden werden (Koroška cesta 13).

34 Das Nostalgie-Klo

Auf dieser Toilette lernt man noch dazu

Sauber, gepflegt und duftend? So präsentiert sich nicht jedes stille Örtchen. Wer in Kranj unterwegs ist, kann jedoch aufatmen. Die öffentlichen Toiletten in der Altstadt gehören zu den besten im ganzen Land. Das kann man schwarz auf weiß nachlesen, denn die Liste mit den »Top-Toiletten« (»Naj javno stranišče«) wird alljährlich von der slowenischen Vereinigung für chronisch entzündliche Darmkrankheiten veröffentlicht. Dafür werden öffentliche WCs in 75 Gemeinden und an über 50 Autobahnraststätten getestet.

Die Kampagne soll das Bewusstsein für die Bedeutung von Toiletten schärfen. Die Liste erscheint immer am 19. November, dem »Welttoilettentag«, der einen ernsten Hintergrund hat: Mehr als 2,5 Milliarden Menschen weltweit haben keinen Zugang zu hygienischen Sanitäreinrichtungen.

Die Toiletten in Kranj erkennt man an einem Nostalgie-Schild in einer Seitengasse des Hauptplatzes. Wo früher die Gaststätte Šiferjeva gostilna stand, stoßen Besucher nun auf das moderne Sanitärobjekt. Betritt man den Raum, fällt der Blick auf das Wort »Damen« in wohl einem Dutzend Sprachen und das Abbild einer eleganten Grazie mit Hut. Die Herren werden von ihresgleichen als Wandmotiv empfangen, allerdings mit vornehmem Zylinder.

Für das Nostalgie-Klo wird die alte Wortform »Méstno vstraniše« statt »stranišče« verwendet. Das Wort geht auf Janez Bleiweis (1808–1881), einen gebürtigen Kranjer, zurück. Als Veterinär, der auch über menschliche Infektionskrankheiten schrieb, besann er sich auf das slowenische Wort für »toilet«, was übersetzt so viel heißt wie »zur Seite gehen«. Also genau das, was man tut, wenn man mal muss. Bleiweis gab ab 1843 die »Bauern- und Handwerkerzeitung« in slowenischer Sprache heraus und setzte sich für ein vereintes Slowenien innerhalb der Monarchie ein. Print-Faksimiles seiner Zeitung finden sich übrigens auch in Kranj, für alle, die auf dem stillen Örtchen gern lesen.

Adresse Méstno vstraniše, Glavni trg 17, 4000 Kranj | Anfahrt A 2, Ausfahrt Kranj-vzhod, der Beschilderung »Kranj-center« folgen, zum Parkplatz »Pri Čebelici« (Župančičeva ulica), über die Brücke und den Kokra-Canyon in die Altstadt bis zum Hauptplatz | Öffnungszeiten So–Do 7–22 Uhr, Fr, Sa 7–24 Uhr, Nutzung kostenlos | Tipp Einen Laden, in dem es nur Regenschirme gibt? Ab zu Dežnikarstvo Jenko! Besonders schön sind die handgefertigten Schirme mit der Silhouette von Kranj (Prešernova ulica 8, www.deznik.si, Di–Do 17–19 Uhr).

35 Die Tunnels

In den alten Schutzräumen donnert und rumpelt es

Ein winziger Kellerraum mit einer Holzbank. Auf einmal ruckelt die Sitzfläche, ein Alarmsignal heult auf, ein Flugzeug scheint näher zu kommen und Bomben abzuwerfen. Das Licht im Raum flackert, der Flieger dreht ab, und der Lärm verebbt. Es ist dunkel und still. Die Tür öffnet sich, draußen wartet die nächste Gruppe. Deren Führerin fragt auf Deutsch, ob jeder da reinwill. Ein älterer Herr mit österreichischem Akzent wirft ein, dass er das als Kind immer mit seiner Mutter und Schwester erlebt habe. Bei Alarm musste man in den Keller. Schweigen. Dann verschwindet die Gruppe im Raum.

Was man in Kranj erfahren kann, geht unter die Haut. In den lange vergessenen Luftschutzräumen aus dem Zweiten Weltkrieg wird ein Luftangriff simuliert. Für manch einen Besucher ist es eine Zeitreise in die Kindheit, die nicht jeder noch einmal durchleben will – daher wird bei einer Führung immer vorab gefragt, ob man das wünscht.

Die »Rovi pod starim Kranjem«, übersetzt die »Tunnels unter dem alten Kranj«, erstrecken sich über 1,3 Kilometer Länge unter den hübschen Bürgerhäusern und unmittelbar unter dem Brunnen am Marktplatz bis zur Kokra-Schlucht und zu vier weiteren Ausgängen. Größere Räume gibt es nicht, die Gänge sind nur etwa zwei Meter breit, an manchen Stellen tropft Wasser hinab und hat winzige Stalaktiten geschaffen. Die Aushubarbeiten haben damals zwei örtliche Bauunternehmen übernommen. Schon kurz vor Kriegsausbruch begann man mit dem Bau der Schutzräume, die Fertigstellung erfolgte allerdings erst 1944, als Bombenangriffe der Alliierten drohten.

Zu jugoslawischen Zeiten gerieten die Schutzräume in Vergessenheit. Erst 2008 besann man sich auf das historische Erbe, restaurierte es und führt nun Besucher umher. Highlight ist die Weinmesse im Herbst: In den Gängen sowie am Ausgang zur Kokra-Schlucht wird Wein verkostet und der Tunnel zu einem Ort des gelebten Miteinanders.

Adresse Rovi pod starim Kranjem, 4000 Kranj | Anfahrt A 2, Ausfahrt Kranj-vzhod, der Beschilderung »Kranj-center« folgen, Treffpunkt bei der Touristeninformation (TIC) am Hauptplatz Glavni trg | Öffnungszeiten nur nach Voranmeldung bei der TIC unter Tel. +386/(0)4/2380455 oder info@visitkranj.si | Tipp Das Geburtshaus des Komponisten Leopold Layer (Layereva hiša) in der Layereva ulica 32 gleich ums Eck kennen Fans der südkoreanischen Serie »Black Knight«, die Slowenien einige Filmlocation-Urlauber aus Südkorea beschert hat. Die Hauptdarstellerin arbeitet in einer Reiseagentur, entdeckt die hübschesten Flecken des Landes und erzählt ihren Kunden davon.

36 Das Otterschild

Vorsicht, Wassermarder auf Fischfang!

Der Hirsch setzt zum Sprung an, die Kröte duckt sich, und die Kuh scheint gemütlich zu trotten. Wenn Tiere auf einem Verkehrsschild auftauchen, nehmen vermutlich die meisten Autofahrer den Fuß vom Gaspedal. Im äußersten Nordosten von Slowenien, in der Region Pomurje, wird nicht nur vor Wildwechsel, Krötenwanderungen oder Weideplätzen gewarnt, sondern auch vor Ottern. Die größte und vitalste Population in Slowenien lebt hier, ohne dass man genaue Zahlen kennen würde.

Während die putzigen Wassermarder anderswo in Europa ausgestorben sind, ist der Eurasische Otter hier wieder in freier Natur heimisch. Der hügelige Landschaftspark Goričko ist sein Siedlungsgebiet, das sich auf österreichischer und ungarischer Seite fortsetzt. Die dünn besiedelte Grenzregion ist ein Paradies für Otter, viele unbelastete Bäche mit dichtem Uferbewuchs dienen ihnen als Versteck. Die Gewässer sind flach, miteinander vernetzt und bieten alles, was die Raubtiere so mögen: Fische, Flusskrebse, Frösche oder Kröten.

Bei Dunkelheit zieht es die Otter zu anderen Bächen oder Flüssen, etwa an die Mur, die Ledava oder die Krka. Vor allem an kleineren Gewässern wie dem Ledava-See bei Krasci, dem Hodoš-See bei Hodoš, dem Križevci-See beim Bach Mala Krka oder dem Bukovnica-See fühlen sie sich wohl. Das ist ihr Jagdrevier. Dort passieren sie auch die Landstraßen, daher finden sich die seltenen Schilder rund um diese Gewässer.

Der lateinische Name der Tiere, Lutra lutra, stand Pate für das Otterzentrum »Aqualutra« in Križevci. Der moderne Holzpavillon mitten im Wald ist ein Dokumentationszentrum, das mit EU-Mitteln errichtet wurde. Wer sich über die Tiere informieren will, sollte vorher einen Termin vereinbaren. Übrigens: Ausgestopfte Otter gibt es auch im Abenteuerpark Expano in Murska Sobota, die dortigen Tiere wurden durch Verkehrsunfälle getötet – also durch ihren größten »natürlichen« Feind.

Adresse Križevci 1, 9206 Gornji Petrovci | **Anfahrt** A 5, Ausfahrt Murska Sobota, der Beschilderung nach Gornji Petrovci 14 Kilometer bis Moščani folgen, rechts abbiegen, zehn Kilometer bis Križevci, dort der Beschilderung »Aqualutra« folgen, Otter-Schild an der Straße vor dem Otterzentrum, zwischen Fußballplatz und Bushaltestelle, nahe der Brücke über den Bach Mala Krka | **Tipp** Der letzte Vulkan in der Gegend ist zwar vor drei Millionen Jahren ausgebrochen, doch im Geo-Erlebnispark Vulkanija grollt und donnert es, wenn ein Ausbruch simuliert wird (www.vulkanija.si).

37 Das Dorf der Schmiede

Nägel hat man hier längst an den Nagel gehängt

Ein Schmied? Wer denkt da nicht sofort an Automatix, den schnauzbärtigen Hünen aus dem »Asterix«-Comic, dessen nackter Oberkörper in einer Lederschürze steckt? Der haut den Amboss, dass es nur so kracht. Sonst trifft man heute vermutlich nur noch selten einen Meister seiner Zunft, außer vielleicht in Kropa.

Das beschauliche Alpendorf war 500 Jahre lang ein bedeutendes Schmiedezentrum. Hier formten die Meister Nägel von Hand, die nach Wien und in andere Gegenden Europas geliefert wurden, etwa 120 Sorten standen zur Auswahl. Nägel waren das Hauptprodukt der örtlichen Schmieden, von denen es im 15. Jahrhundert bereits acht gab.

Daran, dass hier schon ein Jahrhundert zuvor Eisenerz verarbeitet wurde, erinnert der älteste noch erhaltene Eisen-Hochofen in Slowenien, dessen Überreste man am Ortsende findet. Stolze 50 Wasserräder drehten sich auf einer Strecke von nur 1,2 Kilometern einst am Bach Kroparica. Das klingt nach einem Ort der Superlative! Das Gewässer rauscht zwar immer noch durch Kropa, über mehrere Schwellen bis zur unteren Mühle, doch die Anzahl der Schmieden ist geschrumpft. Eine gibt es jedoch noch, die Schauwerkstatt »Vigenj Vice« mit einem alten Wasserrad. Bei Besuchervorführungen zeigen Schmiede an drei Ambossen, wie man es schafft, in nur einer halben Minute einen Nagel zu formen.

Wer spontan nach Kropa fährt, schaut sich einfach das Erbe der alten Handwerker im Dorf an: Schwarz gestrichene Ambosse thronen über dem Bach, an fast jedem Haus gibt es ein Gitter oder einen Drachen zu entdecken, alles wunderbare, lokal gefertigte Schmiedekunst. Ein kleines Museum im alten Hammerwerkhaus im Zentrum informiert zudem über Nägel, die mal rund, mal kantig waren, je nachdem, ob man sie für Schuhe oder Eisenbahnschienen benötigte. Bis Mitte des 19. Jahrhunderts blieb Kropa ein Schmiedezentrum, dann setzte der Niedergang der Eisenhütten ein.

Adresse Kovaški muzej Kropa, Kropa 10, 4245 Radovljica, www.mro.si | Anfahrt A 2, Ausfahrt 4 Radovljica, der Regionalstraße 635 nach Süden und der Beschilderung folgen, Museum in der Ortsmitte | Öffnungszeiten Schmiedemuseum: März – Dez. Di – Sa 10 – 16 Uhr, Juli, Aug. Di – So 10 – 18 Uhr, Besichtigung der Schauschmiede (Vice) nur nach Voranmeldung unter mro@mro.si möglich | Tipp Mit dem Auto ist man in wenigen Minuten im »süßen« Städtchen Radovljica, das für sein Schokoladenfestival im April bekannt ist. In der übrigen Zeit lohnt ein Abstecher ins Bienenmuseum oder ins Wirtshaus Gostilna Lectar mit Lebkuchenbäckerei (www.lectar.com).

38 Das slowenische Schilda

Was macht ein erdrosselter Stier auf dem Dach?

Ein Rathaus ohne Fenster oder eine Kuh, die beim Grasfressen von der Mauer fällt, das sind die derben Streiche der Schildbürger aus Schilda. Die unglaublichen Geschichten dieses fiktiven Ortes kennt man in Deutschland seit Jahrhunderten. Doch auch Slowenien hat sein fast vergessenes »Schilda«. Es ist das Dörfchen Lemberg mit 130 Einwohnern in der Gemeinde Šmarje pri Jelšah. Im Mittelalter blühte hier der Handel, es gab Märkte, Gasthäuser und Handwerker. Gar sieben Burgen sollen Lemberg eingekesselt haben. Doch wo Wohlstand ist, gibt es auch Neid. Vermutlich lassen sich so die Anekdoten über die »Lemberžani« erklären, die 1884 erstmals aufgezeichnet wurden.

Am bekanntesten ist wohl die Geschichte mit dem Stier: Eines Tages entdeckten die Lemberger, dass das Gras in der Dachrinne unter dem Kirchturm wucherte. Der hellste von ihnen kam auf die Idee, einen Stier zum Beweiden auf dem Dach einzusetzen. Doch wie sollte man das stattliche Tier hinaufbekommen? Die Lemberžani hatten eine Idee: Sie stemmten einen Balken hinauf, befestigten eine Rolle mit einem Seil daran und begannen, den Bullen über den Rollmechanismus hinaufzuziehen. Das arme Tier brüllte vor Schmerzen, da ihm die Luft wegblieb. Die Lemberžani dachten jedoch, dass der Stier aus dem Häuschen sei, da er sich auf die saftige Weide freue. Erst als sie das Tier aus der Nähe betrachteten, mussten sie feststellen, dass sie ihn mit ihrer Hebetechnik erdrosselt hatten. Seit dieser Zeit lässt man das Gras in den Dachrinnen von Lemberg wachsen.

Man würde Lemberg unrecht tun, wenn man es nur auf die Anekdoten reduzieren würde. Der Ort überrascht mit einem hübsch restaurierten Rathaus mit einem Steinpranger und dem Freiheitsschwert als Zeichen des Marktrechts. In einer Ausstellung ist ein altes Exemplar der Geschichtensammlung über die Lemberžani ausgestellt. Und das Gras? Schauen Sie selbst, ob es in den Dachrinnen wuchert!

Adresse Muzej na Rotovžu (Museum im alten Rathaus), Lemberg pri Šmarju 17, 3240 Šmarje pri Jelšah | Anfahrt A 1, Ausfahrt Dramlje/Šentjur, Regionalstraße 107 etwa 20 Kilometer bis Mestinje fahren, vor der MOL-Tankstelle links abbiegen und 3 Kilometer bis zur Ortsmitte von Lemberg pri Šmarju | Öffnungszeiten Fr, Sa 10–12 und 16–18 Uhr oder nach Vereinbarung unter Tel. +386/(0)40/842167 | Tipp Bis zur barocken Wallfahrtskirche von Sladka Gora sind es nur wenige Autominuten. Den Namen hat der »Süße Hügel« von den umliegenden Weinbergen, sehenswert sind die Fresken und eine Marienstatue auf dem Hauptaltar.

39 Der Knotenpunkt

Eine Reise zum Mittelpunkt Sloweniens

Wie bestimmt man eigentlich den Mittelpunkt eines Landes? Werden dabei Schnittpunkte berechnet? Der geringste Abstand zu den Staatsgrenzen? Oder die Stelle, zu der alle Einwohner den kürzesten Weg haben? Ganz schön kompliziert, vor allem in Slowenien. Der Umriss des Landes hat nämlich die Form einer Henne, deren Kopf – das Prekmurje – spitz zwischen Österreich und Ungarn hindurchlugt.

Irgendwie haben die Slowenen es dennoch geschafft, einen Ort zu ermitteln. Die Wahl ist auf eine kleine Anhöhe beim Weiler Spodnja Slivna in der Gemeinde Litija gefallen. Eine schmale Straße führt hinauf zum »Geometrischen Mittelpunkt Sloweniens« (Geometrično središče Slovenije, kurz: GEOSS). Bei der Einweihung 1982 wurde dort eine Linde gepflanzt, eine Tafel erinnert an dieses Datum. Längst schon geht es aber nicht mehr um Berechnungen, sondern um die nationale Identität. Im Lauf der Zeit kamen immer mehr Artefakte hinzu, die für Slowenien bedeutsam sind und um die sich ein Verein kümmert. Als sich der Zerfall Jugoslawiens schon abzeichnete, hängte man dort die klare Botschaft – in Stein graviert – auf, dass man auf seinem eigenen Boden lebe und wirtschafte. Mit Plaketten oder Denkmälern gedenkt man des 10-Tage-Krieges von 1991, aber auch des Beitritts zur Europäischen Union 2004. Immer wenn ein staatstragendes Ereignis ansteht, wird es auf dem GEOSS-Platz am Waldrand verewigt.

Der Fürstenstein, ein umgestülpter Steinsockel, hat dort auch seinen Platz – als Kopie. Das Original wird im Landesmuseum in Klagenfurt aufbewahrt. Auf dem Stein wurden die Fürsten von Karantanien (Karantanija) gekrönt. Dieses altslawische Staatengebilde bestand im 7. Jahrhundert rund um das heutige Kärnten und wird von den Slowenen als Vorläufer ihres eigenen Staates betrachtet. Falls Ihnen der Fürstenstein bekannt vorkommt, achten Sie das nächste Mal auf die Rückseite der slowenischen Zwei-Cent-Münze.

Adresse Geometrično središče Slovenije (GEOSS), Spodnja Slivna (Nähe Vače), 1252 Litija, www.geoss.eu | **Anfahrt** aus Richtung Litija/Ljubljana im Dorf Spodnji Hotič beim Feuerwehrhaus in Richtung Vače abbiegen, ab dort der Beschilderung »GEOSS« folgen | **Öffnungszeiten** jederzeit zugänglich | **Tipp** Gleich ums Eck kann man sich im Abenteuerpark (Pustolovski park) GEOSS von Baum zu Baum hangeln. Für die Allerkleinsten gibt es 17 Motorikelemente (www.pustolovski-park-geoss.si).

40 Das Dreieckshaus

Orange-weiß klingt das Echo der Alpen

Wie ein Segelschiff ragt das dreieckige Wohnhaus aus dem Häusermeer an der Nordseite des Hauptbahnhofs von Ljubljana. Unten sehr breit, spitzt es sich nach oben hin zu. Auf der einen Seite leuchtet die Fassade weiß, auf der anderen hellrot. Mittendrin kann man sogar mit dem Auto auf der Hacquetova ulica durchfahren, das mächtige Gebäude mit seinen drei Abschnitten wurde nämlich über die Straße hinweg gebaut. Beeindruckend? Auf alle Fälle!

Schon der Name lässt Assoziationen an einen Helden aus »Star Wars« aufkommen. Vielleicht auch an einen kompakten französischen Kleinwagen, in dem man als Beifahrer früher die Beine einziehen musste: R5. Ganz so weit reicht die Geschichte des Dreieckshauses dann aber doch nicht zurück, denn es wurde erst 2010 fertiggestellt. Federführend war der preisgekrönte Architekt Andrej Černigoj, dessen Team von Genius Loci auch den 75 Meter hohen Wolkenkratzer World Trade Center in Ljubljana 1993 gebaut hat.

Wem das Haus aus der Nähe zu klobig wirkt, der sollte auf den Burgberg von Ljubljana hinaufsteigen. Bei klarem Wetter zeichnen sich die Kamniker (Steiner) Alpen am Horizont ab, während man das R5 gut erkennt. Dann wird deutlich, was das Architektenteam inspirierte: Die geometrische Dreiecksform des Hochhauses soll die Alpen widerspiegeln!

So mächtig der Wolkenkratzer wirkt, er gehört gerade noch zu den 20 höchsten Gebäuden in Slowenien. Der untere Gebäudeabschnitt ist mit 65 Metern so lang wie ein Fußballfeld. Seine Breite entspricht ungefähr der eines Strafraums, der ins Spielfeld hineinragt – 17 Meter. Je höher man kommt, desto weniger Wohnraum gibt es. Ganz an der Spitze ist das Hochhaus nur noch sieben Meter lang. Das Ganze hat seinen Preis, allein die Baukosten werden je nach Quelle auf 23 Millionen Euro geschätzt. Zuletzt kostete eine Vierzimmerwohnung hier 700.000 Euro – inklusive Alpenblick.

Adresse Hacquetova ulica 2, 1000 Ljubljana | ÖPNV Bus 18, 51, 56, 60, 78, Haltestelle Kolodvor (Ljubljana AP), im Hauptbahnhof die Fußgängerunterführung nach Norden durchqueren, oben rechts halten | Tipp Übernachten, wo früher ein Militärgefängnis war: Die Zellen des »Celica« wurden stylish umgestaltet, statt Brot und Wasser gibt es Brötchen und Kaffee, und das mitten im alternativen Graffiti-Areal »Metelkova mesto« in Bahnhofsnähe (Metelkova ulica 8, www.hostelcelica.com).

41 Der Himmelblaumesser

Über den Wolken gibt es 53 Farbnuancen

»Mama, welche Farbe hat der Himmel heute?« Wer Kinder hat, kennt solche Fragen. In Ljubljana gibt es eine präzise Antwort darauf. Dazu muss man einfach einen Blick auf das Cyanometer in der zentralen Straße Slovenska cesta werfen. Das kreisförmige Messgerät, das mit Solarpanelen betrieben wird, kann nämlich 53 verschiedene Blautöne des Himmels unterscheiden. Dazu werden regelmäßig Luftaufnahmen gemacht und online mit einem Farbschema abgeglichen. So können die Blautöne des Himmels klassifiziert und genau bestimmt werden.

Die drei Meter hohe Messstation wirkt mit reichlich Glas und Stahl recht futuristisch. Entworfen hat sie der Künstler Martin Bricelj Baraga im Jahr 2016, als Ljubljana »Grüne Hauptstadt Europas« war.

Das Cyanometer ist an die Slowenische Umweltagentur ARSO angeschlossen. Neben Auskünften über das Blau des Himmels liefert es auch Informationen über die Luftqualität und die Quellen der Luftverschmutzung. Die Farbskala orientiert sich an einer Ampel: Grünes Licht weist auf eine geringe Luftverschmutzung hin, oranges erfordert erhöhte Aufmerksamkeit, und rotes Licht warnt vor »dicker Luft« in der Stadt. Angezeigt werden auch die Anteile an Ozon, Feinstaub, Stickstoffdioxid und Schwefeldioxid in der Luft, die etwa durch Holzverbrennung oder Autoabgase verursacht werden.

Das Cyanometer hat seit der WRO Media Biennale 2017 einen Kommunikationspartner im polnischen Wroclaw. Beide Himmelblaumesser tauschen regelmäßig ihre Daten aus und vergleichen die Himmelsfarbe sowie die Luftqualität der beiden Städte miteinander.

Der erste »Himmelfarbenmesser« wurde 1789 vom Schweizer Physiker Horace Bénédict de Saussure entworfen. Der passionierte Bergsteiger wollte damit das Wetter vorhersagen. Er kam zu der Erkenntnis, dass das Blau des Himmels von der Feuchtigkeit und der Menge der Schwebepartikel in der Luft abhängt. Seine Blauskala kommt heute in Ljubljana zum Einsatz.

Adresse Slovenska cesta 41/Ajdovščina 1, 1000 Ljubljana | **ÖPNV** Bus 1, 1B, 2, 3, 3B, 3G, 6, 6B, 9, 11, 11B, 19B, 19I, 27, Haltestelle Ajdovščina | **Anfahrt** vom Parkhaus Kongresni trg oder Parkplatz Tivoli Slovenska cesta bis zum Ajdovščina-Platz auf Höhe des SKB-Bankhochhauses | **Tipp** Der Wolkenkratzer »Nebotičnik«, nur wenige Meter stadteinwärts auf der Slovenska cesta gelegen, war bei seinem Bau 1933 das höchste Gebäude in Südosteuropa. Heute schlürft man auf der Dachterrasse mit wunderbarem Blick auf die Burg von Ljubljana einen Sundowner.

42 Die Hundebäckerei

Bio-Muffins und Schaumwein für Bello

Ein Stück Nusskuchen für den Hund? Lieber nicht, denn der Zucker bekommt den Vierbeinern nicht wirklich. In der Hundebäckerei »Hov-Hov« in Ljubljana, die nach dem slowenischen Pendant zu »Wau-wau« benannt ist, sieht das anders aus. Alles, was dort verkauft wird, ist für Bello, Struppi oder Waldi geeignet. Es gibt Kekse, Muffins und Kuchen, sogar allergiegeplagte Hunde finden dort ein köstliches Leckerli.

Die Auswahl ist groß: Truthahn, Wild, Huhn, Lamm, Thunfisch, Lachs, Pferd oder Putenleber mit Petersilie. Das Auge isst mit, der Renner sind Kekse in der Form von Hundeknochen, aber auch bunte Cake-Pops, Geburtstagskuchen, Adventskalender, Eislutscher oder Herzen zum Valentinstag sind im Angebot. Gebäck mit Rindergeschmack würde man ja erwarten. Aber Apfelaroma? Klar! Dazu passt ein Hundebier mit Huhn-Rind-Geschmack oder ein »Pawsecco«, ein Kunstwort aus »paw« für »Pfote« und perligem »Prosecco« – alles natürlich alkoholfrei.

Überhaupt sind die Hundeköstlichkeiten ohne Ei, Zucker, Salz, Gluten und Mehl gebacken. Künstliche Farb- und Konservierungsstoffe sind ebenfalls tabu. Kalorienreduzierte Leckerlis sollen die Hunde vor unerwünschten Pölsterchen bewahren.

Die Idee entstand, als die Gründerin Nastja Verdnik aus Maribor auf der Suche nach schmackhaften Leckerlis für ihren Boston Terrier Bilbi war. Die sollten aus hochwertigen Zutaten sein und gut für die Gesundheit des Vierbeiners. Also begann sie, selbst zu backen, erst für Bilbi, später für die Hunde in der Nachbarschaft. Die gesunden Vollwert-Hundeleckerlis waren ein Erfolg. 2013 wurde der erste Shop im Stadtpark von Maribor eröffnet, einem beliebten Hundebesitzer-Treff. Es folgte der Shop in Ljubljana, wo laut Statistik immerhin jeder zehnte Einwohner einen Hund besitzt. Inzwischen gibt es sogar Franchisenehmer in Zürich, wo nach erprobten Lieblingsrezepten gebacken wird.

Adresse Pasja pekarna »Hov-Hov«, Slovenska cesta 30, 1000 Ljubljana | **ÖPNV** Bus 1, 1B, 2, 3, 3B, 3G, 6, 6B, 9, 11, 11B, 19B, 19I, 27, Haltestelle Pošta/Konzorcij | **Anfahrt** vom Parkhaus Kongresni trg auf die Slovenska cesta gehen, dort rechts abbiegen | **Öffnungszeiten** Mo–Sa 10–19 Uhr | **Tipp** Nicht nur Hundebesitzer lieben den »POT«, einen 34 Kilometer langen »Weg der Erinnerung und Kameradschaft« (Pot spominov in tovarištva), der Ljubljana umgürtet. Im Zweiten Weltkrieg verlief an dieser Stelle ein Stacheldrahtzaun, der die Stadt 1.170 Tage lang abschirmte.

43 Das James-Joyce-Denkmal

Eine Nacht am falschen Bahnhof

Ein fremdes Land, eine unbekannte Sprache, und schon ist es geschehen: Plötzlich steht man auf einem Bahnsteig, auf den man eigentlich gar nicht wollte. Das kommt vor und wäre eigentlich nicht der Rede wert. James Joyce (1882–1941) hat solch ein Missgeschick jedoch sogar ein Denkmal eingebracht.

Der weltberühmte irische Schriftsteller war in Begleitung seiner Lebensgefährtin Nora Barnacle auf dem Weg von Zürich nach Triest, wo er als Sprachlehrer arbeiten sollte. Als der Zug Ljubljana passierte, stieg das Paar aus, da es sich offenbar am Ziel wähnte – doch leider einige Haltestellen zu früh. Der nächste Zug nach Triest fuhr erst am kommenden Tag, und das Geld reichte nicht für eine Unterkunft. So verbrachten die beiden die Nacht auf den 19. Oktober 1904 in Ljubljana – vermutlich in einem Park.

Ein Denkmal am Ende von Gleis 1 des Hauptbahnhofs von Ljubljana, direkt an der Treppe zur Fußgängerunterführung, erinnert an dieses Datum. Es ist auf einer schlichten Bronzeplakette mit dem Porträt von James Joyce festgehalten. Nebenan mutet eine flache Skulptur wie ein Kanalisationsgitter an, darauf ein Zitat aus »Ulysees«, dem Kult-Werk des Schriftstellers. Das Denkmal stammt von Bildhauer Jakob Brdar, der einige Skulpturen in der Stadt entworfen hat.

Eingeweiht wurde es übrigens am »Bloomsday« 2003. Der nach der Hauptfigur in »Ulysees« benannte Gedenktag wird jährlich am 16. Juni von Joyce-Fans weltweit mit Lesungen zelebriert. Auch auf Gleis 1 fand der »Bloomsday« schon statt, organisiert von der Irischen Botschaft in Ljubljana. Das Datum ist bedeutsam, da Joyce am 16. Juni 1904 sein erstes Date mit Nora Barnacle gehabt haben soll. Übrigens blieb das Paar rund ein Jahrzehnt lang in Triest, wo Joyce Englisch unterrichtete. Im Ersten Weltkrieg ging es für sie nach Zürich, später nach Paris – ohne Zwischenstopp in Ljubljana.

Adresse Železniška postaja Ljubljana, Trg Osvobodilne fronte, 1000 Ljubljana | **ÖPNV** Bus 18, 51, 56, 60, 78, Haltestelle Kolodvor (Ljubljana AP) | **Anfahrt** der Beschilderung ins Zentrum zum Bahnhof folgen, Denkmal am Ende von Gleis 1 an der Treppe zur Fußgängerunterführung | **Tipp** Das hätte James Joyce vermutlich schon gereicht: ein minimalistischer Schlafplatz in einem Kapselhotel oder einem Holzzelt auf dem Hoteldach. Beides bietet »The Fuzzy Log«, zwischen Bahnhof und Altstadt gelegen.

44 Der Kavalir

Mobil mit dem Minibus

Ein Kavalier ist taktvoll, hilfsbereit und höflich, so die allgemeingültige Vorstellung. Der Duden führt noch das Synonym »Edelmann« an. Diese Beschreibung passt gut zu den winzigen froschgrünen Elektromobilen, die gemütlich durch die Innenstadt von Ljubljana tuckern. Sie heißen »Kavalir«, sind immer zur Stelle, wenn man sie braucht, und befördern Passagiere von A nach B – und das kostenlos.

Alles, was man tun muss, ist, dem Fahrer Bescheid zu geben, entweder telefonisch oder per Handzeichen. Wer nicht gut zu Fuß ist oder keine Einkaufstüten quer durch die Stadt schleppen möchte, darf mitfahren. Und wer einfach eine Verschnaufpause braucht, natürlich ebenfalls. Einen Grund muss man nicht haben, um das umweltfreundliche Angebot nutzen zu dürfen. Ganz »kavaliermäßig« tuckern die Elektromobile ihre Passagiere in der Fußgängerzone in der Altstadt dorthin, wo sie möchten. Im Sommer gibt es eine feste Linie zwischen dem Krekov trg, wo die Seilbahn zur Burg hinauf startet, und dem Slowenischen Nationaltheater. Dann erinnern die offenen Elektromobile, von denen es zwei gibt, an Golf-Caddies. Die vier »Winter-Mobile«, die das ganze Jahr über im Einsatz sind, sind geschlossen und beheizbar und wirken wie Miniaturbusse. Fünf Passagiere können auf einmal mitfahren.

Die Fahrzeuge wurden eingeführt, da das Stadtzentrum von Ljubljana in den vergangenen Jahren zunehmend für den Autoverkehr gesperrt wurde. Wer weitere Strecken zurücklegen muss, nimmt die Niedrigflurbusse. Die sind barrierefrei und mit Audio- und Videoansage ausgestattet. Diese und weitere Maßnahmen haben Ljubljana den Titel »Grüne Hauptstadt Europas 2016« eingebracht.

Das Minimobil-Modell hat längst in anderen slowenischen Städten Nachahmer gefunden, etwa in Maribor, Piran oder Kranj. Kavaliersmäßig ist das Konzept dort auch, auch wenn die Elektrovehikel andere Namen und Farben haben.

Adresse 1000 Ljubljana | **Öffnungszeiten** Vorbestellung von Fahrten unter Tel. +386/(0)31/666331 oder +386/(0)31/666332, ansonsten einfach dem Fahrer winken, täglich 6–22 Uhr | **Tipp** Der slowenische Feiertagskuchen Potica hat eine lange Tradition. Das mit Mohn, Nuss oder Quark gefüllte Gebäck in Form eines Guglhupfs gibt es nun auch im Miniaturformat bei »Le Potica« in der Altstadt (Stari trg 10).

45 Die Mini-Kulturmeile

Blumentöpfe darf man hier selbst mitbringen

Ein Dutzend Häuser, mehr sind es nicht. Die Križevniška ulica in der Altstadt von Ljubljana ist kurz. Abschüssig fällt sie zur Uferpromenade an der Ljubljanica ab. Noch vor einem Jahrzehnt hat die Gasse kaum jemand beachtet.

Dass sie mittlerweile als Mini-Kulturmeile mit einem Museum, einem Theater und einem Restaurant Künstler anzieht, hat sie ihren Bewohnern zu verdanken. Diese haben vor ein paar Jahren beschlossen, der Straße ihre »intellektuelle Seele« wiederzugeben. Blumen wurden gepflanzt, Kunstinstallationen, Schilder und »kreative« Sitzbänke aufgestellt, auf denen Autoren Lesungen halten. Die Poesie auf den Bänken stammt vom visionären Dichter Srečko Kosovel, aber auch von anderen Kreativen, die in der Gasse lebten oder mit ihr verbunden waren.

Die vielen Blumen verdankt die Gasse nicht nur ihren Bewohnern. Auch Besucher dürfen beim Nachbarschaftsfest jedes Jahr am 26. Juni einen Blumentopf mitbringen und anschließend beobachten, wie »ihre« Pflanze wächst. An diesem Tag wird aus der kurzen Straße ein Hotspot für Performances, Workshops, Lesungen und Puppentheater – doch auch sonst lohnt es sich, hier vorbeizuschauen. Und sei es nur, um ein gutes Buch auf einer Bank zu lesen und die Atmosphäre auf sich wirken zu lassen.

Könnte die Križevniška ulica sprechen, hätte sie viel zu erzählen. Ganz früher lebten die Kreuzritter in der Gasse, die nach ihnen benannt ist. Später trockneten die örtlichen Flussfischer hier ihre Netze, und im 18. Jahrhundert versammelten sich an diesem Ort Aufklärer um den Dichter Anton Tomaž Linhart und Baron Žiga Zois. Nationaldichter France Prešeren soll im 19. Jahrhundert die Mutter seiner drei unehelichen Kinder, Ana Jelovšek, in der Gasse kennengelernt haben. Poeten, Künstler, aber auch Anwälte wohnten hier, doch irgendwann verlor die Straße ihren Charme, der nun wiederbelebt wurde.

Adresse Križevniška ulica, 1000 Ljubljana | **ÖPNV** Bus 18, Haltestelle Križanke, in die Gosposka ulica einbiegen, 1 Gehminute | **Tipp** Gleich ums Eck, auf dem Trg francoske revolucije (Platz der Französischen Revolution), steht eines der seltenen Napoleon-Denkmäler außerhalb von Frankreich. Der Obelisk erinnert an Napoleons »Illyrische Provinzen« (1809–1815) mit der Hauptstadt Laibach (Ljubljana), in denen die slowenische Sprache und Kultur aufblühte und erstmals in der Schule gelehrt wurde.

46 Die Mülltonnen

Biomüll wird hier mit der Chipkarte geleert

Sperrige Plastikeimer oder bauchige Container verstopfen die Gehwege oftmals so, dass man kaum vorbeikommt. In Ljubljana ist das passé, denn dort setzt man auf eine elegantere Lösung: auf Metallboxen mit unterirdischem Müllspeicher, die schon 2008 eingeführt wurden. Dadurch wollte man mehr Platz im öffentlichen Raum schaffen, unangenehme Gerüche vermeiden und die Verkehrssicherheit erhöhen.

An 70 Standorten in der Innenstadt kann man seinen Abfall einwerfen: Glas (grün), Verpackungen (gelb), Papier (blau), Biomüll (braun) und Restmüll (schwarz). Wer seinen Abfall nicht trennt oder einfach danebenstellt, wird mit bis zu 800 Euro zur Kasse gebeten.

Doch nicht alle dürfen alle Metallboxen nutzen. Bio- und Restmüll sind den Anwohnern vorbehalten. Diese entrichten eine kommunale Müllgebühr und bekommen eine Chipkarte, die für eine bestimmte Müllmenge gilt. Hält man die Karte an einen Sensor, öffnet sich eine Luke in der Metallbox, und der Müll verschwindet im unterirdischen Container.

Doch wie kommt er da wieder raus? Dazu muss der Müllwagen direkt nebenan stoppen. Zwei rot-weiß gestreifte Schranken fahren aus und sichern erst einmal den Bereich. Dann heben zwei Greifarme die auf der Bodenplatte festgeschraubten Metallboxen an und den unterirdischen Container hoch, um ihn im Müllauto auszukippen. Völlig automatisiert verschließen die Greifarme alles wieder.

Ljubljanas Müllkonzept hat der Stadt internationale Beachtung eingebracht. Die Hauptstadt, die Mitglied im Netzwerk »Zero Waste Cities« ist, verfolgt eine Null-Abfall-Strategie. Der Anteil der Restmüllmenge ist bereits stark gesunken und soll bald nur noch bei 115 Kilogramm pro Jahr und Einwohner liegen. Damit gehört Ljubljana zu den Spitzenreitern in Europa. Das klappt auch dank Unverpackt-Läden, Reparatur-Workshops und der Sensibilisierung der Bevölkerung. Die Metallboxen sind erst der Anfang.

Adresse Slovenska cesta 53, 1000 Ljubljana | ÖPNV Bus 1, 1B, 2, 3, 3B, 3G, 6, 6B, 9, 11, 11B, 19B, 19I, 27, Haltestelle Bavarski dvor, von dort wenige Meter zurück, im Durchgang zwischen Slovenska cesta 53 und 55 | Tipp Das markant gerippte Dach der alten Petrol-Tankstelle von 1968 wirkt wie ein aufgeklappter Regenschirm. Kraftstoff wird hier schon lange nicht mehr verkauft, stattdessen dient der kleine Raum in der Tivolska cesta 44 als Kunstgalerie.

47 Die Pizzeria Parma

Keine ist älter als sie

Fluffig, mit dickem Rand und exakt so groß, dass man sich den Magen nicht verrenkt. So kommt die Pizza im »Parma« aus dem Ofen – und das schon ziemlich lange. Kein Aprilscherz! Am 1. April 1974, nur wenige Monate nach der ersten Pizzeria Jugoslawiens in Novi Sad, eröffnete das »Parma« als erste Pizzeria in Slowenien. Darauf ist man heute noch stolz, und man pflegt die Nostalgie mit dem sozialistischen roten Stern im Logo, aber auch mit Namen, die wichtig für das kollektive Gedächtnis sind. Man kann eine »Tomos 4«-Pizza bestellen, die nach dem slowenischen Außenborder benannt ist, oder natürlich die Pizza »Tito«. Dann gibt es noch die Nationalautoren »Prešeren« oder »Cankar«. An manchen Belag muss man sich erst mal gewöhnen: Gekochte Eierscheiben, ein Spiegelei oder ein Klacks Rahm haben hier jedoch ihre Anhänger.

Das »Parma« ist kein Restaurant, das man zufällig entdeckt. Es versteckt sich unter den Stufen des Südeingangs zur Einkaufspassage Maximarket. Und selbst wenn man im Vorbeigehen auf sie stößt, wirkt die Lage unter der Erde nur mäßig attraktiv, wenn auch zentral zwischen Parlament und dem nahe gelegenen Kulturpalast Cankarjev dom gelegen.

Der Andrang war oft enorm. Manchmal mussten die Pizza-Liebhaber eine Stunde warten, um einen Platz in dem kleinen Restaurant zu bekommen. Jeder wollte Pizza probieren. Irgendwann kamen die 1990er Jahre mit ihren Umbrüchen und neuen Eignern, im Jahr 2000 musste das »Parma« sogar schließen. Als ein Gastwirt aus Ljubljana davon erfuhr, rettete er das Restaurant kurzerhand, indem er es übernahm und den Elektro-Ofen instand setzen ließ. Als die Pizzeria 2002 wieder öffnete, blieben die Gäste zunächst aus, dann kehrten sie langsam zurück – Studenten, aber auch Nostalgiker, die den Laden heute noch am Laufen halten. Übrigens erkennt man die Stammgäste daran, dass sie ein Glas Blaubeersaft zur Pizza bestellen, denn das hat Kultstatus.

Adresse Trg Republike 2, 1000 Ljubljana | ÖPNV Bus 1, 3, 6, 9, 19, Haltestelle Drama, in die Erjavčeva ulica, 1 Gehminute | Anfahrt Ljubljana-center, Parkgarage Kongresni trg, die Slovenska cesta überqueren und in die Erjavčeva ulica einbiegen | Öffnungszeiten Mo–Fr 10.30–21 Uhr, Sa 11–21 Uhr | Tipp Der weitläufige, modernistische Platz der Republik beherbergt das Parlament, über dessen Eingang sich zweistöckig angeordnete Skulpturen von Werktätigen befinden.

48 Das Relief der Muse

Schmachtende Blicke im Nachbarhaus

Wer in Ljubljana ein Date hat, trifft sich »bei Prešeren« am Hauptplatz. Auf dem Sockel der Bronzestatue wartet immer irgendwer auf irgendwen. Das scheint Nationaldichter France Prešeren (1800–1849) dort auch zu tun. Folgt man seinem Blick quer über den Platz, fällt dieser direkt auf ein Fassadenrelief seiner Muse. Eine Gedenkplakette auf Slowenisch weist darauf hin, dass in diesem Haus in der Wolfova ulica Julija Primic (1816–1864) lebte, der »Dr. France Preseren 1834 seinen Sonettenkranz widmete«.

Unklar ist allerdings, ob die Tochter aus gutem Hause wirklich hier wohnte und nicht, wie Aufnahmen belegen, im Nachbarhaus. Von dort aus hätte das Relief allerdings ums Eck schauen müssen, so eine Erklärung. Bildhauer Tone Demšar (1949–1997) fertigte das Kunstwerk 1990.

Der Sonettenkranz (Sonetni venec) gilt als Meisterwerk der slowenischen Literatur. Das komplexe Gedicht, in dem es um Liebe und Heimatgefühle geht, folgt einem strengen Aufbau. Jedes der 14 Einzelsonette greift jeweils die letzte Zeile des vorhergehenden Sonetts auf. Die letzte Zeile des ersten Sonetts ist also identisch mit der ersten Zeile des zweiten Sonetts. Am Ende werden alle Sonette zur sogenannten Magistrale verflochten: Liest man abschließend die Anfangsbuchstaben aller ersten Verszeilen, ergibt sich die Widmung »Primicovi Juliji«, übersetzt »Für Julija Primic« – was damals einer öffentlichen Liebeserklärung gleichkam. Da Prešerens Muse, die er »Magistrale seines Lebens« nannte, noch nicht vergeben war, blieb es bei einem kleinen Skandal.

Ein Happy End gab es nicht: Prešerens Liebe blieb unerfüllt. Beruflich kämpfte er um seine Zulassung als Rechtsanwalt, ließ den Alkohol in sein Leben und starb am 8. Februar 1849 in Kranj, dem alten Krainburg, ohne Ruhm und Geld. Sein Todestag ist heute Kulturtag in Slowenien und offiziell arbeitsfrei. Dann ist am Sockel noch mehr los als sonst.

Adresse Wolfova ulica 6, 1000 Ljubljana | ÖPNV Bus 1, 1B, 2, 3, 3B, 3G, 6, 6B, 9, 11, 11B, 19B, 19I, 27, Haltestelle Pošta/Konzorcij | Anfahrt Parkhaus Kongresni trg, am Ufer der Ljubljanica bis zum Prešernov trg | Tipp Nur ein paar Schritte entfernt, wo sich Prešernov trg und Čopova ulica treffen, kann man Ljubljanas Häuser, Hügel und Höfe gut auf einem Bronzemodell der Stadt erkennen.

49 Der Schirmladen

Regen ist gut fürs Geschäft

Es nieselt, tröpfelt und schüttet: Wer keinen Regenschirm dabeihat, kauft sich an der nächsten Ecke einen. Einen Schirm reparieren lassen? Wo ein neuer doch gerade mal fünf Euro kostet? Das erscheint nicht wirtschaftlich. Doch darum geht es nicht. Jeder, der in den kleinen Laden »Dežnik« (Regenschirm) in der gepflasterten Trubarjeva ulica kommt, hat seine Gründe. Es gibt Regenschirme, die man vor Jahrzehnten vom Vater bekommen oder von der Lieblingstante geerbt hat, oder solche, die einen schon ein halbes Leben lang begleiten.

Marija Lah betreibt den nostalgischen Laden, der seit 1966 besteht, schon seit über 30 Jahren. Sie ist die Letzte ihrer Zunft. Zunächst half die gelernte Erzieherin ihrem Vater aus, nach seinem Tod übernahm sie das charmante Geschäft am Eck. Geschickt gelingt es ihr, fast alle Regenschirme zu reparieren. Mal sind es nur wenige Handgriffe, mal muss der Rahmen ersetzt werden. Geht nicht? Gibt es (fast) nicht. Etwa 98 Prozent der Schirme lassen sich reparieren, schätzt Marija Lah. Für die übrigen zwei Prozent findet sie, gemeinsam mit ihren Kunden, eine Lösung. Einige Schirme bekommen auch eine zweite Chance: Sie werden zu praktischen Tragetaschen umgenäht, die den Vorteil haben, dass sie nicht nur platzsparend und robust sind, sondern auf alle Fälle wasserdicht.

Mehr Nachhaltigkeit geht kaum. Einen guten Schirm zu kaufen und ihn reparieren zu lassen, zahlt sich aus – landen doch jährlich 1,1 Milliarden Schirme weltweit auf dem Müll. Da sie aus verschiedenen Materialien bestehen, ist das Recycling oft knifflig.

Zu tun gibt es im »Dežnik« genug. Manche Kunden kommen erst in der Regensaison im Frühjahr und Herbst, andere schon vorausschauend im Sommer. In Ljubljana regnet es übrigens an 153 Tagen im Jahr, so die amtliche Wetterstatistik. Da lohnt sich die Reparatur von Regenschirmen allemal. Allein schon um der Nachhaltigkeit willen.

Adresse Ecke Trubarjeva ulica 13/Mala ulica, 1000 Ljubljana, www.fb.com/deznik | **ÖPNV** Bus 1, 1B, 2, 3, 3B, 3G, 6, 6B, 9, 11, 11B, 19B, 19I, 27, Haltestelle Pošta/Konzorcij, die Slovenska ulica über den Prešernov trg gehen, dort in die Trubarjeva ulica | **Öffnungszeiten** Mo–Mi 10–12 Uhr, Do 15–19 Uhr | **Tipp** Wer auf die Schnelle einen Schirm benötigt, kann sich rund um die Uhr ein Klappmodell im Automaten vor dem Bahnhof auf Höhe des Kiosks beim Eingang zum Busbahnhof ziehen. Dort gibt es auch Pflaster, Zahnpasta und Co.

50_Die Schuhleine

Ausgelatschte Treter sollen Glück bringen

Turnschuhe, Sneakers oder Ledersandalen: Mal hängt nur ein einziges Paar dort, mal sind es gleich zwei Dutzend. Die Schuhe baumeln an einem Drahtseil über der gepflasterten Trubarjeva ulica in der Altstadt von Ljubljana, zwischen Schornsteinen und roten Ziegeldächern.

Doch was bewegt die Ljubljančani, ihre ausrangierten Schuhe über der Straße aufzuhängen? Ganz genau weiß das keiner. Fragt man nach, bekommt man fast so viele verschiedene Antworten, wie man Schuhe zählt. Fakt ist, dass das erste Paar schon vor ein paar Jahren über der Straße hing. Ein Schuhmacher aus der Trubarjeva ulica soll der Erste gewesen sein. Das machte ihm ein Rechtsanwalt nach, der daraufhin seinen Traumjob bekommen haben soll. Einer Ballerina brachten die Schuhe auf der Leine ebenfalls Glück, heißt es.

Man erzählt sich aber auch, dass Touristen in Ljubljana das erste Paar Schuhe aufgehängt haben, um erneut in die schmucke Stadt zurückzukehren. Doch auch Liebespaare oder Studenten werden als ehemalige Schuhbesitzer genannt. Ihre Motive mögen zwar unterschiedlich sein, aber eins haben sie alle gemeinsam: Sie hoffen darauf, dass Fortuna es gut mit ihnen meint und ihnen eine gute Prüfungsnote oder etwas anderes Positives bescheren möge. Später sind die Schuhe in Ljubljana auch an weiteren Orten aufgetaucht, wurden jedoch immer wieder entfernt. In der Trubarjeva ulica gibt man sich gelassener, denn dort sind sie längst ein kleines Highlight. Übrigens gab es diesen Brauch auch schon in Celje, Škofja Loka und anderen Städten in Slowenien.

Andere Länder, andere Sitten. In Barcelona sollen Schuhe an der Leine Orte markiert haben, an denen man sich Drogen beschaffen konnte. Und in den USA markieren Gangs ihre Opfer damit. Auch mit Selbstmord wurden Schuhe an der Leine schon in Verbindung gebracht. Da klingt die Auf-das-Glück-hoffen-Variante aus der Trubarjeva ulica doch weitaus sympathischer!

Adresse Čevlji na žici, Trubarjeva ulica 15, 1000 Ljubljana | **ÖPNV** Bus 1, 1B, 2, 3, 3B, 3G, 6, 6B, 9, 11, 11B, 19B, 19I, 27, Haltestelle Pošta / Konzorcij, die Slovenska ulica über den Prešernov trg gehen, dort in die Trubarjeva ulica | **Anfahrt** im Parkhaus Kongresni trg oder Tivoli parken und zu Fuß in die Altstadt | **Tipp** Nach Zimbabwe oder Indien sind es nur ein paar Schritte die Trubarjeva ulica hinunter: Im »Skuhna« kochen Immigranten aus vielen Ländern ihre Spezialitäten. Die Gerichte wechseln täglich, es gibt außerdem Konzerte und Sprachkurse (Trubarjeva ulica 57).

51__Die Stadtbienen

Ein Picknickplatz für Biene Maja

Die Slowenen mögen Bienen. Auch in Ljubljana findet man sie an Orten, an denen man die fleißigen Tierchen nicht vermuten würde. Auf dem Dach des Cankar-Kulturpalastes, mitten in der City, leben 450.000 Bienen. Ihre Artgenossinnen auf dem Dach des Hotel Park sorgen dafür, dass sich die Gäste ihren Honig ohne Transportwege direkt aufs Brötchen schmieren können. Es gibt sogar einen Bienenlehrpfad mitten in Ljubljana, der derzeit rund 35 Orte, Imker und Institutionen miteinander verbindet – kurzum: alle, die sich um das Bienenwohl in der Großstadt kümmern.

Für ihr Engagement wurde Ljubljana vom nationalen Imkerverband 2017 zur »bienenfreundlichsten Gemeinde« landesweit ernannt. 1,8 Millionen Stadtbienen soll es hier geben, um die sich 350 Imker kümmern. Dazu gehören auch die Bewohnerinnen eines großen Lehrbienenstocks, der seit 2017 in direkter Nachbarschaft zum Botanischen Garten steht. Den Holzbau für acht Bienenvölker haben Architekturstudenten entworfen. In der Umgebung blühen Wildblumen, Lavendel, Minze und Thymian.

Ein buntes Holzbrett weist den Weg dorthin. Das Schild soll an die frühere Tradition der kunstvoll bemalten Bienenstockstirnbrettchen erinnern. Diese wurden über den Flugöffnungen angebracht und sollten dadurch Imkern und Bienen die Unterscheidung erleichtern. Manche waren so aufwendig verziert, dass ganze Bildergeschichten erzählt wurden.

Dann gibt es da noch die weitverbreitete Krainer Biene, die eine echte Slowenin ist. Dass der Weltbienentag jedes Jahr am 20. Mai begangen wird, hängt auch mit der Region zusammen. An diesem Tag wurde 1734 der slowenische Imker-Pionier und Begründer der modernen Bienenzucht, Anton Janša, geboren. Er wurde von Kaiserin Maria Theresia zum Lehrbeauftragten der Wiener Imkereischule ernannt und erfand den »Krainer Bauernstock«, flache Bienenkästen mit abnehmbarem Stirnbrett, um die Waben nicht zu beschädigen.

Adresse Botanični vrt, Ižanska cesta 15, 1000 Ljubljana, www.botanicni-vrt.si | **ÖPNV** Bus 2, 3, 3B, 3G, 11, 11B, Haltestelle Gornji trg, aus der Altstadt die Karlovška cesta nehmen, Brücke über die Ljubljanica überqueren, rechts halten | **Öffnungszeiten** April–Okt. täglich 7–19 Uhr, Juni–Aug. täglich 7.30–20 Uhr, Nov.–März täglich 7.30–17 Uhr | **Tipp** Vis-à-vis vom Haupteingang des Botanischen Gartens führt eine Fußgängerbrücke auf die Špica. Dort kann man prima auf den Stufen am Wasser relaxen, köstliches Eis im Liegestuhl schlecken und die vorbeifahrenden Boote auf der Ljubljanica beobachten.

52 Das Trinklied

Darf man eine Nationalhymne betreten?

»Warum gerade hier?«, fragten entrüstete Einwohner Ljubljanas in den Medien. Das Objekt ihrer Empörung hat das, was man »beste Innenstadtlage« nennt: mitten in der belebten Fußgängerzone Čopova ulica, direkt vor der Hauptpost. Dort wurde 2013 ein Bronzeschriftzug des Architektur-Ateliers Medprostor mit einem Auszug aus der »Zdravljica« in den Boden eingelassen. Diese ursprünglich als »Trinklied« gedichteten Verse sind jedoch keine gewöhnlichen, sondern die Nationalhymne des unabhängigen Slowenien. Dass man das Symbol der Eigenstaatlichkeit nun mit Füßen treten sollte, sorgte für einen kleinen Aufschrei in der Bevölkerung.

Optisch sind die acht Verszeilen der Form eines Weinglases nachempfunden. An der oberen Öffnung sind die Wörter noch großzügig weit gefasst, dann verjüngen sich die Zeilen am Stiel, um daraufhin in einem breiten Fuß zu münden. Form und Inhalt passen perfekt zusammen, das Trinklied hat also die Form eines Weinglases. So hatte Nationaldichter France Prešeren 1844 das Trinklied zu Papier gebracht. Die Melodie in B-Dur stammt übrigens aus der Feder des Komponisten Stanko Preml von 1905.

In der »Zdravljica« geht es um das Nationalbewusstsein, bei dem die Idee der »Vereinten Slowenen« innerhalb der Monarchie ein zentrales Thema war. Der Literaturhistoriker Boris Paternu bezeichnete die Nationalhymne als »slowenische Marseillaise«. Die siebte Strophe, die zur Nationalhymne bestimmt wurde, besingt das Zusammenleben der großen und kleinen Nationen auf der Welt. Diese Botschaft hat der Hymne übrigens 2020 das Europäische Kulturerbe-Siegel eingebracht, denn sie ruft – zumindest in diesen Zeilen – zur Freiheit und zum Frieden auf.

Wem das Ganze bekannt vorkommt, der hat die ersten Worte der Nationalhymne »Žive naj vsi narodi …« (»Es sollen leben alle Völker …«) bestimmt schon mal auf der Zwei-Euro-Münze Sloweniens gesehen, wo sie neben der Silhouette von Prešeren zu lesen sind.

Adresse Čopova ulica 11, 1000 Ljubljana | ÖPNV Bus 1, 1B, 2, 3, 3B, 3G, 6, 6B, 9, 11, 11B, 19B, 19I, 27, Haltestelle Pošta/Konzorcij | Anfahrt Parkhaus Kongresni trg, die Slovenska cesta in Richtung Bahnhof gehen, dort die 2. Straße rechts | Tipp Wie sieht eigentlich ein Banktresor von innen aus? Das erfährt man im modernen Bankenmuseum »Bankarium« ein paar Häuser stadteinwärts, in dem alte Bankschalter, Sparschweine und die Geschichte des Geldhandels demonstriert werden (Čopova ulica 3, Di–So 10–18 Uhr).

53 Der Walk of Fame

Jedes Kind kennt ihre Figuren

Slowenien hat seinen eigenen »Walk of Fame«, mitten in Ljubljana. Hier sind jedoch keine Sterne, sondern kreisrunde Plaketten in den Gehweg eingelassen. Schauspielern, singen oder steppen? Das darf man natürlich gern beherrschen, doch dafür gibt es – anders als in Los Angeles – keine Namensgravur auf dem hauptstädtischen Asphalt. Wer hier eine Plakette bekommt, ist in der Welt der Einhörner, Zauberer oder Helden zu Hause. Ausgezeichnet werden Autoren oder Illustratoren, die den Levstik-Preis für ihr Lebenswerk erhalten haben, den renommiertesten Kinder- und Jugendbuchpreis in Slowenien, der nach dem Schriftsteller und Sprachpolitiker Fran Levstik (1831–1887) benannt wurde. Dieser war übrigens auch Namenspate für die Säulenkolonnade, unter der der slowenische »Walk of Fame« verläuft, direkt vor einer Filiale der Buchhandlung Mladinska knjiga. Sie gehört zum gleichnamigen Verlag, dem größten im Land, der den Levstik-Preis seit 1949 an Künstler verleiht, die sich mit ihren Texten oder Illustrationen in Kinderbüchern hervorgetan haben. 1999 kam der Preis für das Lebenswerk hinzu, der alle zwei Jahre ausgelobt wird.

Eine Plakette ist dem 1940 geborenen Autor Niko Grafenauer gewidmet. Seine Figur des eigenwilligen, aber unabhängigen Jungen Pedenjped ist Kult.

Svetlana Makarovič (Jahrgang 1939) beschreibt in ihren Kinderbüchern oft Tiere, die sich wie Menschen verhalten. Einige ihrer Werke sind Schullektüre. Die Autorin übersetzte auch »Picko in Packo« von Wilhelm Busch. Sie ahnen es schon: So heißen »Max und Moritz« auf Slowenisch.

Der »Walk of Fame« wurde 2015 im Zuge der Umgestaltung der Slovenska cesta angelegt. Zehn Sterne sind noch frei und warten auf künftige Preisträger. Sind alle belegt, könnte das Projekt auf andere Stadtteile ausgeweitet werden, so der Plan. Jedes fünfte der 5.000 jährlich in Slowenien erscheinenden Bücher ist übrigens für Kinder.

Adresse Slovenska cesta 29, 1000 Ljubljana | ÖPNV Bus 1B, 2, 3, 3B, 3G, 6, 6B, 9, 11, 11B, 19B, 19I, 27, Haltestelle Pošta/Konzorci | Anfahrt ab Parkgarage Kongresni trg, die Slovenska cesta überqueren, Walk of Fame schräg gegenüber | Öffnungszeiten jederzeit zugänglich | Tipp Im Liegestuhl unter schattigen Bäumen chillen und ein englisches oder slowenisches Buch lesen? Das geht jedes Jahr im Sommer, wenn öffentliche Bücherschränke in der Stadt aufgestellt werden, unter anderem im Park slovenske reformacije (Argentinski park, www.knjiznicapodkrosnjami.si, Do, Fr 15–20 Uhr, Sa 10–20 Uhr).

54__Der Weinberg

In der Hauptstadt wird jetzt auch gekeltert

Ein futuristischer Glaskasten surrt auf die Burg von Ljubljana zu. Wer nur kurz in der Stadt ist, fährt mit dieser praktischen Standseilbahn hinauf, genießt den Panoramablick und ist bald wieder unten. Wer mehr Zeit mitbringt, streift über den Burgberg, aber bitte schön so weit, bis der Spazierweg eine Schleife macht. In dieser abgeschiedenen Ecke wachsen preisgekrönte Reben – mitten in der Hauptstadt.

Der Weingarten wurde 2016 auf dem südöstlichen Burghang, der aus Mergelböden besteht, neu angelegt. Zuvor wurzelten dort Bäume, die grüne Fläche musste daher zunächst gerodet werden. Gepflanzt wurden 1.050 »Belpin«-Rebstöcke. Der Name ist ein Kunstwort, zusammengesetzt aus Belina und Pinot, international als Chardonnay bekannt. Ebenso gedeiht der rote Zweigelt (Rdečegrajc) hier. Schon zwei Jahre später fand die erste Traubenlese statt. Gut 1.000 Flaschen ergibt die Jahreslese, die allerdings nur ranghohe Gäste wie Politiker überreicht bekommen. Das macht sich gut, klingt urban und stilvoll zugleich: Hauptstadtwein von einem echten Burgberg.

Das Weingut der Burg wird vom Landwirtschaftlichen Institut Sloweniens betreut. Dieses wählte auch die beiden Sorten aus, da sie früh reifen, was bei kontinentaler Lage eine Rolle spielt, denn Ljubljana ist keine typische Weingegend. Der Weinberg selbst ist nicht zugänglich. Nebenan gibt es jedoch eine kleine Plattform, von der aus man in Ruhe auf diesen Teil des Burgbergs blicken kann.

Im Innenhof der Burg – nur wenige hundert Meter entfernt, wo die meisten Besucher hinkommen – gibt es übrigens noch einen Weinstock zu entdecken. Es ist ein Abkömmling der Alten Rebe (Stara trta) aus Maribor (siehe Ort 59), der mit über 400 Jahren ältesten weltweit. Ihr Nachkömmling in Ljubljana kommt erst auf 30 Jahre und hat daher noch ein wenig Zeit, um das Methusalem-Alter für Rebstöcke zu erreichen.

Adresse Karlovška cesta, 1000 Ljubljana | ÖPNV zur Standseilbahn: Bus 2, 13, 20, Haltestelle Krekov trg, Zmajski most (Drachenbrücke); ansonsten Bus 2, 3, 3B, 3G, 11, 27, Haltestelle Gornji trg; alternativ: touristischer Panoramazug »Urban« | Anfahrt ausgeschilderter Fußweg über die Študentovska ulica oder Pot na stolbi (10 Minuten) | Tipp Über dem Eingangsportal des Friedrichsturms in der Burg von Ljubljana sind die Initialen »A.E.I.O.U.« (»Austria est imperare orbi universo«) eingeritzt, was so viel bedeutet wie »Alles Erdreich ist Österreich Untertan«.

55 Der Wurstimbiss

Die berühmte Krainer war schon mal im Weltall

Es geht um die Wurst. Die muss so richtig krachen, wenn sich die Zähne hineinbohren. Mit Senf, geriebenem Meerrettich, Sauerkraut und in Scheiben geschnitten kommt die perfekte Kranjska klobasa, die Krainer Wurst, auf den Tisch. Richtig lecker schmeckt sie in der Klobasarna, was so viel wie »Wursterei« heißt, mitten in der Altstadt von Ljubljana.

Die rötlich-braune Brühwurst ist Sloweniens berühmtester kulinarischer Exportschlager. Auswanderer machten die »kransky sausage« auch in Übersee bekannt. Dazu gehörte ein Metzger im US-Bundesstaat Ohio, dessen »kransky«-Würste sogar schon mal im Weltall waren: 2006 bekam die US-Astronautin Sunita Williams, die slowenische Wurzeln hat, von ihrer Familie ein Brotzeit-Paket mit Krainer Würsten mit auf den Weg. Die wurden vor dem Raketenstart zwar gründlich gecheckt, durften dann aber mitfliegen.

Schon Kaiser Franz Joseph sorgte für ihre Berühmtheit. Auf dem Weg von Wien nach Triest stoppte seine Kutsche eines Tages vor einem Wirtshaus in Krainburg, dem heutigen Kranj. Er fragte den Wirt, was er ihm anbieten könne. Dieser entgegnete, dass er nur ganz gewöhnliche Hausmacherwürste habe. Der Kaiser biss hinein und war begeistert: »Das ist keine gewöhnliche, sondern eine Krainer Wurst!« Seither wird die Spezialität jährlich in ihrem »Geburtsort« mit einem Festival gefeiert.

Als Slowenien die Wurst beim Europäischen Patentamt schützen lassen wollte, fürchteten die Österreicher um ihre »Käsekrainer«. Die mit Käsewürfeln gespickte Krainer Wurst, die 1971 in Österreich »erfunden« wurde, gehört nicht nur zum Standardangebot von Wiener Imbissständen. Man einigte sich: Die Käsekrainer bleibt österreichisch, die »Krainer Wurst« aus Slowenien ist seit 2015 geografisch geschützt. Nur 15 slowenische Hersteller dürfen sie übrigens produzieren, aus dem Fleisch einer autochthonen Schweinerasse. Alles andere sind schnöde Schweinswürste.

Adresse Klobasarna, Čiril-Metodov trg 15, 1000 Ljubljana, www.klobasarna.si | **ÖPNV** Bus 1, 1B, 2, 3, 3B, 3G, 6, 6B, 9, 11, 11B, 19B, 19I, 27, Haltestelle Pošta/Konzorcij, am Ufer der Ljubljanica bis Tromostovje (Dreibrücken), am Ende der Straße links | **Öffnungszeiten** Mo–Sa 10–21 Uhr, So 10–15 Uhr, Juli, Aug. Mo–Sa 10–23 Uhr, So 10–15 Uhr | **Tipp** Der Porzellanladen Catbriyur im übernächsten Haus fällt mit seinem goldumrankten Schaufenster und den lila Blumen auf. Alles ist hier handgefertigt, sogar Queen Elizabeth besitzt ein Porzellanservice aus dieser zauberhaften Werkstatt.

56 Der Film-Pionier

Regisseur Fritz Lang ließ sich von ihm inspirieren

Es gibt spannendere Drehorte als das Fenster im eigenen Haus. Stellt man dort eine Solo-Kamera auf, kann man sich von Zooms und Perspektivenwechseln verabschieden, denn es bleibt bei einer Einstellung. Aber vergessen Sie die szenische Dramaturgie, hier geht es nur um bewegte Bilder.

Wir schreiben das Jahr 1905. Der Rechtsanwalt Karol Grossmann (1864–1929), ein passionierter Amateurfilmer, bereitet seine 9,5-Millimeter-Kamera auf ihren großen Auftritt vor. Er platziert sie in seinem Fenster und filmt damit die Kirchgänger. Der Titel macht alle weiteren Fragen zum Inhalt überflüssig: »Fortgang von der heiligen Messe in Ljutomer«. Menschen laufen durchs Bild. Ende. Auch die beiden anderen Filmsequenzen, die Grossmann um 1905 drehte, spielen in seinem Alltag: »Markttag in Ljutomer« und »Im Hausgarten«, in dem seine beiden Töchter der Mutter entgegenrennen.

Grossmann brannte für den Film. Gut möglich, dass er einen später weltberühmten Gast mit seiner Leidenschaft angesteckt hat. Fritz Lang (1890–1976) lebte 1915 mehrere Monate im Haus der Grossmanns, da er in Ljutomer zum Reserveoffizier ausgebildet wurde. Lang, der in Wien aufgewachsen war, fand in Grossmann einen Intellektuellen, mit dem er sich austauschen konnte, und in dessen Haus Kameras, eine Bibliothek und reichlich Material. Während seiner Zeit in Ljutomer soll sich Lang auch in einer Töpferei versucht haben: Je zwei der von ihm geformten Masken und Vasen sind im Besitz der Familie Grossmann.

Eine Kriegsverletzung führte Lang 1916 zum Genesungsurlaub nach Wien, wo er Filmleute kennenlernte. Später ging er nach Berlin, Paris und schließlich nach Hollywood. Lang drehte Klassiker wie »Metropolis« (1926) und »M2« (1932). Grossmann, der Pionier der slowenischen Filmgeschichte, geriet ein wenig in Vergessenheit. Eine Büste und ein Museum auf dem Hauptplatz von Ljutomer erinnern an seine Leidenschaft, die bewegten Bilder.

Adresse Muzej Ljutomer, Glavni trg 2, 9240 Ljutomer, www.knjiznica-ljutomer.si | Anfahrt A 5, Ausfahrt 6 Vučja vas, der Regionalstraße 230 etwa 12 Kilometer bis zum Hauptplatz von Ljutomer folgen | Öffnungszeiten Mo–Fr 8–15 Uhr | Tipp Die berühmten Ljutomerer Traber kann man sonntags auf dem örtlichen Hippodrom bewundern. Ein kleines, bezauberndes Museum (Muzej Ljutomerski kasač) ist dieser Pferdegattung gewidmet (Mo–Fr 9–15 Uhr).

57 Die Lindenallee

Schattenspendende Bäume für Napoleon

Im Sommer macht es Spaß, mit dem Auto durch die Lindenallee bei Logatec zu düsen. Dann spannen sich die Blätterkronen wie ein kühlendes Dach über den Asphalt. Das spürt man sogar als Autofahrer. Stolze 290 Bäume wurden hier beiderseits der Fahrbahn gepflanzt und ziehen sich fast zwei Kilometer entlang der Straße. Ein wunderbar grünes Fahrerlebnis!

Dass die Allee hier wächst, hat sie einem Herrscher zu verdanken – zumindest indirekt. Als Napoleon Bonaparte 1805 Luise, die Tochter des österreichischen Kaisers Franz II., zur Ehefrau nahm, pflanzte man die Baumallee. Zuerst wurde sie nach der Braut benannt. Später jedoch erhielt sie den Namen des Feldherrn, den sie bis heute trägt: »Napoleonov drevored« (Napoleon-Allee).

In anderen Quellen heißt es, dass die historische Baumreihe erst 1810 gepflanzt worden sei. Damals war Napoleon bereits Oberhaupt der »Illyrischen Provinzen«, deren Hauptstadt Laibach (Ljubljana) war. Napoleons politisches Intermezzo auf dem Boden des heutigen Slowenien dauerte neun Jahre, ehe das Staatsgebilde nach dem Wiener Kongress 1815 wieder an Österreich-Ungarn fiel. Damit hatte Napoleon die über 600 Jahre dauernde Herrschaft der Habsburger über slowenischen Boden unterbrochen. Da unter Napoleon die slowenische Sprache erstmals in den Schulen unterrichtet wurde, erinnert man sich zuweilen mit einer gewissen Nostalgie an die Fremdherrschaft.

Ganz unbeschadet überstanden haben die Lindenbäume die lange Zeit jedoch nicht. 1989 wuchsen nur noch 105 Original-Bäume dort. Die Lindenallee stand damals bereits unter Naturschutz. Die Anwohner machten sich auf, 185 neue Linden zu pflanzen. Als vor wenigen Jahren eine Linde bei einem Sturm umgerissen wurde, fällte man sie und fertigte daraus 220 schnörkellose Holzspiralen, die als Protokollgeschenk der Gemeinde Logatec an ranghohe Gäste verschenkt werden.

Adresse Tržaška cesta, 1370 Logatec | **Anfahrt** A 1, Ausfahrt Logatec, von Logatec-Zentrum der Tržaška cesta (Regionalstraße 409) in Richtung Vrhnika / Ljubljana folgen | **Tipp** Frei wie ein Vogel! Im Aerodium Logatec gibt es einen Windtunnel. In voller Montur und unter Anleitung schwebt man dort schwerelos über dem Boden – allerdings in sicherer Höhe (www.aerodium.si).

58 Der Hilfsstollen

Ein Geheimgang nach Italien

Eine Abkühlung? Die gibt es vor dem »štoln« in Log pod Mangartom auf dem Weg zum Mangart-Gipfel und Predil-Pass. Steht man direkt vor dem »Kaiser-Franz-Josef-Hilfsstollen«, so sein offizieller Name, spürt man einen kräftigen Luftzug. Der strömt aus dem Erdinneren hinaus, wo es gut hörbar rauscht. Der Stollen sollte ab 1905 das Grundwasser aus der Erzmine ableiten.

Heute ist er mit einem Türgitter versperrt. Könnte man hindurchgehen, würde man nach knapp fünf Kilometern in Italien herauskommen. Dort, in Cave del Predil (Raibl), befindet sich der andere Eingang, der allerdings zugemauert ist. Im Ersten Weltkrieg wurde der Stollen als »Geheimgang« für Soldaten, Nahrungsmittel und Waffen für die Isonzo-Front genutzt. Eine Grubenbahn beförderte Arbeiter quer durch den Berg, allerdings entgleisten die Waggons oft, und Stromkabel verursachten Unfälle.

Im Zweiten Weltkrieg fuhren die Bergarbeiter unter strenger Kontrolle weiterhin zur Arbeit durch den Tunnel. Bei einer Schießerei mit Partisanen wurden die Pumpen beschädigt, und ein Teil des Tunnels lief mit Wasser voll. Log pod Mangartom wurde 1947 Jugoslawien zugeschlagen, ein Grenzstein im Tunnel markierte die Staatsgrenze zu Italien. Dort wurde die Stahltür fortan bloß noch zweimal pro Tag geöffnet. In den Stollen durfte nur, wer seit mindestens zehn Jahren dort arbeitete. Die übrigen 23 Arbeiter wurden auf andere Gruben in Jugoslawien verteilt.

Bis 1970 nutzten die Bergarbeiter den Tunnel zur Fahrt nach Italien. Danach wurden Busse eingesetzt, die wirtschaftlicher waren. Nur wenn der Schnee am Predil-Pass zu hoch war, fuhr die kostspielige Tunnelbahn. Als die Nachfrage nach Blei und Zink auf dem Weltmarkt schrumpfte, wurde die Mine 1991 geschlossen.

Zum 100. Jahrestag des Stollenbaus wurde 2005 der Eingangsbereich saniert. Gleise mit der Grubenbahn und Schautafeln mit alten Bildern erinnern an den »štoln«.

Adresse Predor »Štoln«, Log pod Mangartom 26, 5231 Bovec, www.logpodmangartom.si/Stoln.php | Anfahrt Regionalstraße zwischen Trenta und Bovec, in Richtung Predil-Pass/Italien abbiegen, in Log pod Mangartom links zum Sportplatz/Feuerwehrhaus, nach 300 Metern dort parken | Öffnungszeiten Außenbereich jederzeit zugänglich, Stollen gesperrt | Tipp Die Festung Kluže, fünf Kilometer südlich in Richtung Bovec, wurde im Ersten Weltkrieg stark beschädigt. Auf der Innenseite des Hoftors sind Name und Baujahr auf einer Steintafel auf Deutsch zu lesen: »Flitscher Klause. Erbaut 1881–1882«.

59 Die Alte Rebe

Ein Gemälde ist der Beweis für ihr Rekordalter

Die »Alte Rebe« (Stara trta) bricht alle Rekorde: Seit über 400 Jahren rankt sie sich im Mariborer Stadtteil Lent an der Fassade »ihres« Hauses empor, das früher Teil der Stadtbefestigung war. Der Weinstock, übrigens ein selten gewordener »Blauer Kölner« (Žametna črnina), hat Brände, Kriege und Belagerungen überlebt und sich als »älteste fruchtbringende Rebe der Welt« 2004 einen »Guinnessbuch«-Eintrag gesichert.

Was nicht alle wissen: Die Alte Rebe hat ihre eigene Hymne und einen eigenen Stadtwinzer, der fast täglich nach dem Rechten schaut. Eine Expertengruppe der Stadtverwaltung erlässt Verordnungen, damit es dem Weinstock auch künftig gut geht. Wer genau hinschaut, sieht, dass der Rebstock von zwei Abkömmlingen begleitet wird, die aber erst rund 30 Jahre alt sind.

Doch woher kennt man ihr Alter? Zum einen gibt es zwei Gemälde von 1657 und 1681, auf denen der Weinstock an der Hauswand abgebildet ist. Zum anderen hat man 1972 mit Hilfe einer mikroskopischen Sondierungsmethode, bei der der Stamm angebohrt wurde, mindestens 350 Jahresringe gezählt. Auf die exakte Zahl kam man nicht, da der Bohrkern in der Mitte vermodert war. Dass die Kletterpflanze nicht der Reblaus zum Opfer fiel, verdankt sie vermutlich ihrer Lage unweit der Drau (Drava). Der Fluss tritt schon mal über das Ufer, und Feuchtigkeit mag die Reblaus gar nicht.

Ihre Abkömmlinge wachsen an rund 230 Standorten auf vier Kontinenten: Man pflegt sie auf dem Domberg in Freising, dem Hradschin in Prag oder in den Weinbergen des Vatikans. 2017 brachte man jeweils einen Ableger nach Pjöngjang und nach Seoul, verbunden mit dem Wunsch nach einer Annäherung von Nord- und Südkorea und einer gemeinsamen Weinlese.

Jährlich werden bis zu 30 Liter Wein gekeltert und in kleine Design-Fläschchen verpackt. Die bekommen allerdings nur ranghohe Gäste wie die Queen oder Papst Johannes Paul II. mit ins Gepäck.

Adresse Hiša Stare trte, Vojašniška ulica 8, 2000 Maribor | **Anfahrt** A 1, Ausfahrt Maribor-center, der Beschilderung ins Zentrum folgen, am Einkaufszentrum Europark vorbei, über die Brücke Titov most, am Kreisverkehr 1. Ausfahrt nehmen, dann zweimal links, einmal rechts abbiegen, der Uferstraße 500 Meter folgen | **Öffnungszeiten** jederzeit zugänglich; Museum: Okt.–April 9–18 Uhr, Mai–Sept. 9–20 Uhr | **Tipp** Der geniale Erfinder Nikola Tesla, dem der Transformator zugeschrieben wird, lebte 1883 ein halbes Jahr in Maribor. Er soll bei einem gewissen Ingenieur Druško in der heutigen Partizanska ulica in Bahnhofsnähe untergekommen sein und viel Zeit im Wirtshaus verbracht haben. Die genaue Hausnummer ist leider unbekannt, aber die lebhafte Straße lohnt einen Bummel.

60_Das Ezlek

Esel hatten hier nichts verloren

Pfefferminzgrün leuchtet die Fassade des Cafés Astoria in Maribor. Gleich neben dem Eingang erinnert eine Gedenktafel daran, dass sich hier einmal das »Ezlek« an der Ecke befand. Sprechen Sie das Wort doch einmal laut aus: »Esel-Eck«, abgeleitet aus der deutschen Sprache, die das Stadtleben im alten Marburg an der Drau dominierte. Auch wenn das Gebäude des Astoria früher der Pferdestall des benachbarten Stadtschlosses war, hatten Esel an der Ecke davor nichts zu suchen – schon gar nicht die zweibeinigen. Wer vor dem Astoria am »Ezlek« abhängen wollte, musste schon etwas auf dem Kasten haben, denn das war lange der angesagteste Treffpunkt in der Stadt.

Die Geschichte des Cafés Astoria begann 1929, als sich Intellektuelle zum Zeitunglesen und Austausch dort trafen. Nach dem Zweiten Weltkrieg wurde die Inhaberfamilie Petan enteignet und das Café verstaatlicht. Allmählich entwickelte sich das »Eck« davor zu einem beliebten Ort, um neue Mäntel oder blank polierte Schuhe auszuführen. Vor allem junge Männer verbrachten ihre Freizeit hier. Nur wer es zu etwas gebracht hatte, sei dort anzutreffen gewesen, erinnern sich ehemalige »Ezleker«. Man habe voneinander gelernt, sich Manieren beigebracht und zu einer Art Elite gehört.

In den 1980er Jahren verschwand die Kaffeehaustradition allmählich und mit ihr das »Ezlek«. Das Astoria schloss für einige Jahre seine Türen. Als Slowenien unabhängig wurde, bekamen die alten Inhaber ihr Eigentum zurück und verpachteten es. Nun lockt das Astoria in Toplage nicht nur Nostalgiker, sondern auch Besucher beim Stadtbummel.

Vor einigen Jahren kam die Idee auf, das »Ezlek« wiederzubeleben. Man schraubte die Tafel am Astoria an und gründete einen Verein. Die Mitglieder haben längst graue Haare, sie feiern ihr »Ezlek« nun regelmäßig mit Musik und gutem Essen – als ein Symbol der Veränderungen, die das vorige Jahrhundert mit sich brachte.

Adresse Kavarna Astorija, Grajska ulica 1, 2000 Maribor | **Anfahrt** A 1, Ausfahrt Maribor-center, der Beschilderung folgen, vom Parkhaus Garažna hiša Center (Prešernova ulica 8) 50 Meter rechts bis zur Razlagova ulica, diese links hinunter, den Trg generala Maistra überqueren und in die Grajska ulica | **Öffnungszeiten** jederzeit zugänglich | **Tipp** Im Haus schräg gegenüber erstrahlte am 4. April 1883 in der »Marburger Dampfmühle« die erste elektrische Beleuchtung in dieser Region Europas. Ein Schild mit goldener Glühbirne erinnert neben dem Kiosk daran.

61 Das Kino Partizan

Holzmöbel sind der Hit auf dieser Leinwand

Der grüne Retro-Schriftzug über dem Eingang, »Kino Partizan«, lässt bewegte Bilder auf einer Leinwand vermuten. Filme werden hier aber schon seit einigen Jahren nicht mehr vorgeführt. Dafür darf man es sich in den beiden verbliebenen Sesselreihen im alten Vorführraum einfach gemütlich machen. Dabei sieht man vor allem eins: Möbel! Wo früher die Leinwand hing, stapeln sich Regale mit Stühlen bis unter die Decke. Die übrigen Wände, aber auch den Boden teilen sich Tische, Truhen, Kommoden, Kredenzen und Schränke. Nicht bunt gemischt, sondern nach Gattung und Größe geordnet. So wird der vorhandene Platz in den Regalen maximal ausgenutzt.

Ist das nun Kunst? Oder ein improvisiertes Lager? Beides. Die Menge an Möbeln ist gewollt, sie soll in ihrer Fülle auf den Betrachter wirken. Mit dem Konzept eines »offenen Möbelfundus« hat das Regionalmuseum Maribor zugleich sein zunehmendes Raumproblem kreativ gelöst. Was normalerweise nur Museumsmitarbeiter zu sehen bekommen, ist nun für alle zugänglich, da man auf Eintritt verzichtet. Gut 1.000 Exponate haben sich im Lauf der Zeit angesammelt, die meisten stammen aus alten Herrenhäusern oder Palästen in Ostslowenien.

Die Möbel sind wunderbar nostalgisch: mal mit Goldknauf, mal mit Schnitzereien, alles Echtholz, das in der Region Štajerska traditionell ein wichtiger Rohstoff ist. Es wird im globalen Zeitalter als eine Art kollektiver Anker betrachtet. Um die Brücke zwischen Rohstoff und fertigem Produkt zu schlagen, gibt es in einem kleineren Raum auch Werkzeug für die Holzverarbeitung zu bewundern.

Die Lage des »Kino Partizan« war für das Regionalmuseum Maribor besonders interessant, da es sich gleich gegenüber dem Hauptgebäude befindet. Beim Umzug 2011 erhielt jedes Exponat ein größeres Inventarisierungsschild, das den Betrachter daran erinnern soll, dass er sich in einem offenen Möbelfundus befindet.

Adresse Grajska ulica 5, 2000 Maribor | Anfahrt A 1, Ausfahrt Maribor-center, der Beschilderung folgen, vom Parkhaus Garažna hiša Center (Prešernova ulica 8) 50 Meter rechts bis zur Razlagova ulica, diese links hinunter, den Trg generala Maistra überqueren und in die Grajska ulica | Öffnungszeiten Di–Sa 10–18 Uhr, Anmeldung im Regionalmuseum (Pokrajnski muzej Maribor) oder unter +386/(0)2/2283551 | Tipp Noch mehr Stadtgeschichte gibt es in den Luftschutzräumen der »Cona Tezno« zu sehen, wo 90 Stufen ins Erdinnere hinabführen. Die Tunnels wurden 1943 gebaut, um die Bewohner vor Luftangriffen zu schützen (Cesta k tamu 27, nur mit Führung, Sa 16 Uhr, So 10 Uhr, Anmeldung unter www.rovi-tezno.si).

62 Die Linde

Ihr Geheimnis ist eine Glasflasche

Spaziert man im Zentrum von Maribor über den Trg generala Rudolfa Maistra, spendet eine mächtige Linde Schatten. Steht man direkt davor, muss man den Kopf senken, um beim Wurzelwerk eine Gedenktafel zu entdecken. Diese erinnert daran, dass der Baum an jenem Tag gepflanzt wurde, als Slowenien seine Unabhängigkeit von Jugoslawien erklärte – am 26. Juni 1991. Unterzeichnet ist die Tafel auf Slowenisch mit »Universitätsstadt Maribor«.

Was der Betrachter nicht sieht: Unter der Linde wurde damals auch eine Glasflasche mit einer Urkunde in der Erde vergraben, die dieses feierliche Ereignis schwarz auf weiß bescheinigt. Ob das von Dauer ist? Über Papier und Schrift ist nichts bekannt, die Zersetzungsdauer einer Glasflasche wird jedoch mit 4.000 bis zu einer Million Jahren angegeben, ist also faktisch gar nicht messbar.

Der Linde werden ein mächtiger Wuchs und eine lange Lebenserwartung zugesprochen. Daher wird sie in Slowenien traditionell gepflanzt, um ein denkwürdiges Ereignis zu begehen, das sich ins kollektive Gedächtnis einprägen soll. Auch vor dem Staatsparlament in Ljubljana findet sich so eine »Gedenklinde«. Bei der Höhlenburg Predjamski grad, unweit von Postojna, wächst seit über 500 Jahren eine zweigeteilte Linde. Sie wurde vermutlich noch am Grab des Raubritters Erasmus gepflanzt. Die älteste Linde des Landes, die auf 780 Jahre geschätzt wird, wächst in Najevnik in der Region Koroška. Um sie versammeln sich alljährlich ranghohe slowenische Politiker.

Apropos Unabhängigkeit: Beinahe hätte Slowenien, als es sich vom jugoslawischen Dinar verabschiedete, die Lipa – also wörtlich »die Linde« – als Währung bekommen. So wurde es aber zunächst der Tolar (vom deutschen Wort Taler), der in Stotinki unterteilt war und 2007 vom Euro mit seinen Cent abgelöst wurde. Die »Lipa« als Münzwährung haben hingegen die Kroaten übernommen, die ansonsten mit Kuna (Marder) zahlen.

Adresse Trg generala Rudolfa Maistra, 2000 Maribor | **Anfahrt** A 1, Ausfahrt Maribor-center, der Beschilderung folgen,vom Parkhaus Garažna hiša Center (Prešernova ulica 8) 50 Meter rechts bis zur Razlagova ulica, diese links hinunter bis zum Trg generala Rudolfa Maistra | **Öffnungszeiten** jederzeit zugänglich | **Tipp** Einer der größten und ältesten Weinkeller Europas, der Vinag, erstreckt sich über zwei Kilometer unter dem alten Stadtkern von Maribor. Die Holzfässer, Tanks und Flaschen haben ein Gesamtvolumen von drei Millionen Litern (Anmeldung zu Weinprobe und Kellerführung unter www.vinag1847.si).

63 Die Weltrekord-Treppe

In Sportschuhen wird der Berg gerockt

454 Stufen? Das klingt erst einmal nicht nach viel. Wer im zweiten Stock eines Altbaus mit hohen Decken wohnt, legt das locker jeden Tag zurück, er muss die Wohnung nur fünfmal verlassen und ebenso oft zurückkehren. Wer die Mariborer Stiegen, im Dialekt »štenge« genannt, bezwingen will, muss das allerdings auf einmal tun, ohne eine längere Couch-Pause einzulegen.

Steil führen die Stufen auf den Kalvarienberg (Kalvarija) am Stadtrand hinauf. Oben angekommen, wird man mit einem Wohlfühlort belohnt, mit ein paar Sitzbänken, einem Selfie-Holzrahmen und einem Panoramablick über Maribor. Die Treppen wurden 1956 von einer benachbarten Schule gebaut und 2004 mit Unterstützung des Rotary Clubs erneuert.

Sie sind nicht nur eine Alternative zum Spazierweg hinauf, sondern ein kostenloses Sportstudio, das sogar Weltrekord-Potenzial hat. Genau dafür wurden sie 2017 auch genutzt: Die slowenische Charity-Sportlerin Beba Ščap lief hier rekordverdächtige 66 Mal hinauf und wieder hinunter. Sie startete an einem Abend im April gegen 18 Uhr. Innerhalb von 24 Stunden wollte sie die Stufen 111 Mal schaffen, so ihr Plan – allerdings spielte das Wetter nicht mit. Es wurden daher »nur« 66 Treppenläufe, jeweils von null auf 375 Meter Meereshöhe, mit einer Steigung von 20 Prozent. Umgerechnet macht das gut 60.000 Stufen! Wie viele Altbau-Stockwerke sind das gleich noch mal? Beba Ščap war übrigens für einen guten Zweck unterwegs. Die Spenden, die bei ihrem Lauf zusammenkamen, waren für sozial benachteiligte Sportlerinnen und Sportler gedacht.

Viele Mariborer nutzen die »štenge« jeden Tag, um fit zu bleiben. Einmal im Jahr findet ein Nachtlauf für alle statt. Gewöhnlich starten um die 300 Teilnehmer auf den beleuchteten Stufen, allerdings zeitlich versetzt. Kinder müssen nur bis zur ersten Plattform, alle anderen ganz hinauf. Der Streckenrekord liegt seit Jahren bei 1:44,20 Minuten – und will geknackt werden.

Adresse Stopnice na Kalvarijo (»štenge«), 2000 Maribor | ÖPNV Bus 7, Haltestelle Vrbanska/Šola, von dort rechts in Richtung Schulzentrum | Anfahrt Anfahrt A 1, Ausfahrt Maribor-center, der Beschilderung folgen, ab Zentrum bis zur Vrbanska cesta 30 (Schulzentrum), Stufen direkt dahinter; alternativ ab Zentrum-Nord zu Fuß über die Trubarjeva ulica am Westrand des Stadtparks, etwa 50 Meter nach den letzten Häusern Zugang zur anderen Seite des Kalvarienbergs | Tipp Der benachbarte Hausberg Piramida oberhalb des Stadtparks und inmitten von Weingärten bietet ebenfalls eine tolle Aussicht auf Maribor!

64 Der geteilte Friedhof

Statt Grabschmuck blühte hier der Stacheldraht

Nur wenige Schritte trennen den Friedhof von Miren vom Grenzübergang nach Italien. Eine dicke Steinmauer spannt sich um die Gräber. Der Weg führt schnurgerade durch das Eingangsportal mit dem Gedenkraum.

Quer über den Friedhof verläuft eine rote Linie aus Stein, die mit der fortlaufenden Gravur »Spomni se name« (»Erinnere dich an mich«) versehen ist. Sie markiert die Stelle, an der ab 1947 die neu gezogene Grenze verlief: Auf der einen Seite war Italien, auf der anderen Jugoslawien. Statt den Friedhof jedoch einem Staat zuzuschlagen, wirkt die Grenze, als habe man sie mit dem Lineal gezogen. Das führte zu seltsamen Konstellationen. Es konnte beispielsweise sein, dass ein Grabstein auf italienischem Boden stand, das übrige Grab jedoch in Jugoslawien. Quer über Gräber hinweg wurde ein Stacheldraht über den Friedhof gespannt, ohne Rücksicht auf die Totenruhe. Die absurde Grenzziehung brachte es mit sich, dass Angehörige die Gräber ihrer Nächsten viele Jahre nicht besuchen konnten.

Das war jedoch keine Willkür amerikanischer Soldaten, die die Grenzziehung beaufsichtigt hatten, sondern lag am alten Katasterplan der Gemeinde. Bis Mitte der 1950er Jahre, als die Grenze noch besonders streng bewacht war, gab es hier mehr Fluchtversuche als anderswo. Der Schmuggel, etwa von Zucker oder Öl, florierte, obwohl die Strafen hart waren. Der Friedhof von Miren blieb noch viele Jahre geteilt. Erst 1975, mit dem Vertrag von Osimo, wurde nachgebessert und die Staatsgrenze um einige Meter verschoben. Fortan gehörte der Friedhof komplett zu Jugoslawien und befindet sich daher heute auf slowenischem Boden.

In der kleinen Eingangshalle kann man die Absurdität dieser Grenzziehung mit alten Fotos auf sich wirken lassen. Mit der Ausstellung soll jenen gedacht werden, die durch die Grenze »Hoffnung, Freiheit oder gar das Leben verloren haben«, so die Idee.

Adresse Gemeindefriedhof Občinsko pokopališče, Miren 6c, 5291 Miren | Anfahrt Schnellstraße H3, Ausfahrt Nova Gorica, via Šempeter pri Gorici bis Miren, dort am Kreisverkehr 1. Ausfahrt Richtung Italien nehmen, Friedhof direkt am 2. Kreisverkehr | Öffnungszeiten Mo–So 10–17 Uhr | Tipp Der restaurierte Aussichtsturm von Cerje am Rand eines Karst-Plateaus verspricht Ausstellungen und einen Panoramablick (www.mirenkras.si, Mi–So 10–18 Uhr, im Winter 10–16 Uhr).

65 Der Balkon

Die Ausrufung einer Republik

Wer in der Kleinstadt Murska Sobota unterwegs ist, landet vermutlich früher oder später am Hotel Zvezda (Stern). Autofahrer drehen auf der Suche nach einem Parkplatz in der Innenstadt am Verkehrskreisel davor munter ihre Runden. Alle anderen ordern, im Sommer mit Blick auf die Hotelfassade in klassischem Schönbrunner Gelb, gern Bograč-Gulascheintopf und Bier. Dann gibt es noch jene, die wegen des Eckbalkons ins Zvezda kommen – denn hier wurde Geschichte geschrieben.

Am 29. Mai 1919 trat der Sozialdemokrat und Lehrer Vilmos Tkálecz auf den Balkon des damaligen Casinos und Hotels Dobray. Von dort rief er die »Mur-Republik«, Murska Republika oder Republika Prekmurje aus und setzte sich selbst als Präsident ein. Tkálecz, der im Ersten Weltkrieg Offizier war, wurde dabei von 600 Bewaffneten unterstützt. Seine Forderung: Mehr Selbstbestimmung und die Loslösung von Ungarn! Die Region Prekmurje, wörtlich das »Übermurgebiet«, gehörte innerhalb der Donaumonarchie zur ungarischen Reichshälfte. Im Frühjahr 1919 war sie daher Teil der damaligen Ungarischen Räterepublik.

Die Geschichte der Mur-Republik ist schnell erzählt. Nach nur neun Tagen marschierte die ungarische Rote Armee ein, und bereits am 6. Juni 1919 wurde das Staatengebilde wieder aufgelöst. Tkálecz flüchtete über Österreich nach Ungarn, wo er unter neuem Namen mehrere Jahre als Dorflehrer arbeitete und 1950 in Budapest starb.

Im Veranstaltungssaal im Obergeschoss des Zvezda erinnern noch Urkunden an die kurze Zeit der Republik. Der Haupteingang unterhalb des Balkons wurde hingegen längst zugemauert. Mit dem Vertrag von Trianon verlor Ungarn 1920 offiziell das Prekmurje an das Königreich der Serben, Kroaten und Slowenen (SHS-Staat), heute gehört die Region um die Stadt Murska Sobota zu Slowenien. Die Grenzen von 1920 sind heute die Staatsgrenzen zwischen Ungarn und Slowenien.

Adresse Hotel Zvezda, Ecke Trg zmage 8/Slovenska ulica, 9000 Murska Sobota | Anfahrt A 5, Ausfahrt 7 Murska Sobota, der Beschilderung folgen, am Verkehrskreisel im Zentrum gegenüber dem Siegespark | Öffnungszeiten jederzeit zugänglich | Tipp An mehreren Orten in der Stadt kann man seit einigen Jahren Aufdrucke mit dem Datum der Mur-Republik entdecken: »90 let Murska Republika. 29.5.1919«. So etwa am Kulturclub neben dem Seiteneingang des Schlosses (Trubarjev drevored 4) oder auf dem Wochenmarkt, der hinter dem Innenhof des Zvezda beginnt (Kočjeva ulica).

66__Der Motorikpark

Ein Spielplatz für die Großen

Im Sommer werden die Liegestühle aufgeklappt, am Cafékiosk bestellt man sich eine kalte Limonade und genießt den Augenblick am Soboško jezero am südlichen Stadtrand von Murska Sobota. Klingt richtig entspannt? Klar! Allerdings lässt sich der Tag dort auch aktiver verbringen, und zwar im modernen Motorikpark direkt nebenan. Der ist nicht nur ziemlich neu, sondern auch ziemlich groß. Mit seinen 35 Geräten reicht er fast an den eine Autostunde entfernt liegenden österreichischen Motorikpark Gamlitz heran, der mit rund 40 Geräten zu den größten in Europa gehört und auch von Slowenen gern besucht wird.

Das Trimm-dich-Training mit Seeblick beginnt in Murska Sobota recht gemütlich. Zunächst schlängelt man sich durch ein Bodenlabyrinth, später folgen eine Kletterwand mit bunten Griffen oder ein Balanceakt über einen Holzbalken. Wer seinen Bizeps mit Schweberingen in Form bringen will, lässt sich ganz lässig per QR-Code und App motivieren. An allen Stationen wird gewippt, geschaukelt oder gerannt, das macht gute Laune!

Empfohlen wird das kostenlose Fitnesstraining für alle ab 14 Jahre. Doch die Jüngeren finden es mindestens ebenso spannend, mal kurz über wankende Holzplatten auf Sprungfedern zu hüpfen. Ansonsten haben sie »ihren« Spielplatz ein Stück weiter vorne am See. Wer will, leiht sich ein Slackline-Seil aus, um seine Balance herauszufordern. Das ist ein paar Meter entfernt im Expano-Zentrum möglich.

Diese weitaus bekanntere Attraktion besteht aus vier Holzpavillons, die Slowenien bei der EXPO 2015 in Mailand repräsentierten. Anschließend wurde das »Slowenische Haus« am See aufgestellt, es vermittelt Besuchern einen ersten Eindruck über die Region Pomurje, die der Fluss Mur (Mura) in die alten Gebiete Prekmurje, Štajerska und Prlekija teilt. Besonders spannend ist die Virtual-Reality-Ballonfahrt zu den Highlights der Region – auch zum Soboško jezero direkt vor der Tür.

Adresse Gibalni park (Motorični park), Soboško jezero, Bakovska ulica, 9000 Murska Sobota | Anfahrt A5, Ausfahrt Murska Sobota, der Beschilderung »Expano« folgen, großer Parkplatz direkt vor dem Ausstellungszentrum, Motorikpark etwa 200 Meter entfernt | Öffnungszeiten jederzeit zugänglich | Tipp Die evangelische Lutherkirche im Stadtzentrum bildet nicht etwa zufällig eine Achse mit dem Renaissanceschloss. Die Mutter des Grafen soll sich dem Kirchenbau lange widersetzt haben. Aus Protest wurde das Gotteshaus angeblich genau an der Stelle errichtet, wo ihr Blick vom Balkon direkt darauf fiel.

67 Der vergessene Koffer

Ein Denkmal für den Holocaust

Der Bahnhof von Murska Sobota wurde erst vor wenigen Jahren modernisiert. Eine Glastür mit Automatikfunktion schützt den Warteraum vor kalter Zugluft, eine digitale Zeitanzeige informiert über den nächsten Zug zum Grenzbahnhof Hodoš/Hodos oder nach Budapest. Auf Gleis 1 kam eine schlichte Holzbank hinzu, neben der ein Koffer auf dem Boden steht. Den übersieht man im Vorbeigehen nur allzu leicht, er wirkt dort wie abgestellt und vergessen – doch genau dieser Eindruck ist gewollt. »Der vergessene Koffer« (Pozabljeni kovčeg) ist das erste Holocaust-Denkmal in Slowenien, 2010 von Mirko Bratuša gefertigt. Auf der Bank steht eine Aufschrift auf Slowenisch: »In Erinnerung an die vertriebenen und ermordeten Juden aus dem Prekmurje. April bis November 1944«.

Die nach dem Ersten Weltkrieg Jugoslawien zugesprochene Region Prekmurje wurde 1941 von Ungarn annektiert. Als die Wehrmacht im März 1944 Ungarn besetzte, wurden auch im Prekmurje alle jüdischen Geschäfte geschlossen. Am 26. April 1944 mussten sich alle Juden in der Synagoge von Murska Sobota versammeln. Ihr Leidensweg führte – über den Bahnhof der Stadt – ins Sammellager Nagykanisza und später ins Konzentrationslager Auschwitz. Nur 65 Juden aus Murska Sobota überlebten den Holocaust, die meisten wanderten später nach Israel, Amerika oder woandershin aus.

Vor dem Krieg lebten 2.500 Juden in Slowenien, die meisten davon im Prekmurje. In Murska Sobota gab es einen jüdischen Friedhof, 1908 baute man eine neue Synagoge, die jedoch 1954 abgerissen wurde. Heute steht an dieser Stelle in der Lendavska ulica 116 ein Häuserblock. Eine Gedenktafel erinnert an den früheren Prunkbau. Mit modernster audiovisueller Technik und entsprechenden Brillen kann man sich die Synagoge anschauen. Die Leihbrillen gibt es bei der Touristeninformation oder im Pomurje-Museum (Pomurski muzej). Das Projekt »Rediscover« entstand 2021 mit europäischen Mitteln.

Adresse Bahnhof Železniška postaja, Ulica Arhitekta Novaka 33, 9000 Murska Sobota | **Anfahrt** A 5, Ausfahrt Murska Sobota, der Beschilderung in Richtung Bahnhof folgen | **Öffnungszeiten** jederzeit zugänglich; Infos zur jüdischen Vergangenheit der Stadt und zu Führungen bei der Touristeninformation im Zentrum (Slovenska ulica 41, Mo–Sa) oder im Expano (Di–So), www.visitmurskasobota.si | **Tipp** Jüdische Spuren im Prekmurje sind auch in Lendava/Lendva zu entdecken. Die alte Synagoge ist Museum und Ausstellungsraum, es gibt Stolpersteine und einen jüdischen Friedhof im Dörfchen Dolga Vas kurz vor der ungarischen Grenze.

68 Der Holzpfad

In den slowenischen Himmel kommt man zu Fuß

Knarzige Beichtstühle, in denen man seine Sünden gesteht, oder gar Ablassscheine, die es wie zu Luthers Zeiten zu erwerben gilt? In Slowenien gibt es einen anderen Weg, um in den Himmel zu kommen – und den kann man mit dem Auto, dem Fahrrad oder zu Fuß bewältigen. Dazu folgt man einfach der schmalen Bergstraße, die sich auf den Hügel Nebesa in der Region Dolenjska windet. Mehr braucht es gar nicht, um ins Himmelreich zu kommen. Die Ortsbezeichnung ist nämlich eine Pluralform von »nebo«, dem slowenischen Wort für »Himmel«.

Dass es bei der Anfahrt in die abgelegene Gegend ein wenig holprig zugeht, liegt vermutlich in der Natur der Dinge. Der himmlische Himmel, nicht der irdisch-slowenische, wird einem schließlich auch nicht geschenkt. Hat man den höchsten Punkt der Gemeinde Šentrupert auf 602 Metern Meereshöhe schließlich erreicht, ist man dem Himmel ganz nah. Ein Steg aus Holzbrettern verläuft dort oberhalb des Hangs, er sieht von oben so aus, als würde er einfach im Nirgendwo enden. Damit gibt er eine perfekte Foto-Location ab und wirkt irgendwie schon ziemlich himmlisch.

Wer den Holzsteg ins Nichts scheut, auch wenn er nur ein paar Meter über dem Hang »schwebt«, genießt einfach das Panorama von den Sitzbänken direkt darüber. Oder nimmt am Wochenende auf der Terrasse des Ausflugslokals der Familie Peterlin direkt nebenan Platz, denn nach zwei, drei Flaschen Bier fühlt sich so mancher Gast dem Himmel schon recht nah.

Übrigens: Wem dieser Ausflug zu himmlisch ist, der kann in Slowenien natürlich auch zur Hölle fahren. In der Jama Pekel, wörtlich der »Höhle der Hölle«, bei Žalec wacht ein Teufelsbild in Stein über dem Eingang. Durch den Temperaturunterschied strömen im Winter dichte Nebelschwaden aus der Höhle, daher dachten die Menschen früher, dass der Satan über diesen Ort wache, der ja eigentlich himmlisch schön ist.

Adresse Ausflugslokal Izletniška kmetija Nebesa, Hom 23, 8232 Šentrupert na Dolenjskem | Anfahrt im Ortskern von Šentrupert rechts Richtung Hom, nach etwa 4 Kilometern an der Gabelung rechts abbiegen, von dort etwa 300 Meter zum Aussichtspunkt | Öffnungszeiten jederzeit zugänglich | Tipp Noch mehr Holzbaukunst findet man zehn Autominuten südlich in Šentrupert. Im »Land der Heuharfen« (Dežela kozolcev) wurden die 19 schönsten Trockengestelle aus verschiedenen Regionen zusammengetragen, unter anderem ein Heuschober mit aufgehängten Schaukeln (Šentrupert 5, www.dezelakozolcev.si).

69 Der Bahnhofsvorplatz

Italien ist nur einen einzigen Schritt entfernt

Wer die Geschichte von Nova Gorica verstehen will, muss auf den Bahnhofsvorplatz. Der heißt Trg Evrope, zumindest ein Teil davon. Auf der gegenüberliegenden Seite wird er Piazza della Transalpina genannt. Nun muss man weder Slowenisch noch Italienisch können, um zu begreifen, dass es sich um zwei unterschiedliche Namen handelt. Der Grund dafür: Die eine Hälfte des Platzes gehört zu Slowenien, die andere zu Italien.

Die ungewöhnliche Grenze wurde mit dem Vertrag von Paris 1947 besiegelt. Das alte Görz mit seiner Burg, heute Gorizia, kam zu Italien, das kaisergelbe Bahnhofsgebäude wurde hingegen Titos Jugoslawien zugeschlagen. Den Platz davor teilte man in zwei Hälften. Nur 35 Meter sind es von der Bahnhofstür, die früher verschlossen war, bis zur Platzmitte, über die sich zunächst Stacheldraht zog, der 1954 durch eine Betonmauer mit Drahtnetz ersetzt wurde.

Erst 50 Jahre später, mit dem EU-Beitritt Sloweniens, wurde die Barriere abgetragen. Heute markieren Blumenkübel die Staatsgrenze, Fototafeln erinnern an die bewegte Vergangenheit. Die Platzmitte belegt ein Mosaik mit Metallstreifen des Künstlers Franco Vecchiet, das die Grenzüberwindung symbolisiert.

Tito reagierte übrigens sehr selbstbewusst auf die Teilung der Stadt und ließ direkt neben der Grenze um die Vororte des alten Görz sein »neues« Gorizia errichten, Nova Gorica. Es war eine Stadt vom Reißbrett mit modernistischem Stadtbild, in Slowenien nur mit Velenje vergleichbar. Architekt war Edvard Ravnikar, der bereits mit Le Corbusier gearbeitet hatte. Provokativ setzte Tito dem Bahnhofsgebäude einen roten Stern aufs Dach, der heute seinen Platz im sehenswerten kleinen Bahnhofsmuseum gefunden hat. Dort erzählen Teile von Maschendraht, einer Betonmauer sowie Grenzschilder, Passierscheine und Fotos die Geschichte einer geteilten Stadt, die langsam zusammenwächst. So wie 2025 als gemeinsame »Europäische Kulturhauptstadt«.

Adresse Trg Evrope/Kolodvorska pot 8, 5000 Nova Gorica | Anfahrt Schnellstraße H 4, Ausfahrt Nova Gorica, der Beschilderung bis zum Bahnhof folgen | Öffnungszeiten jederzeit zugänglich; Museum: Di–Fr 13–17 Uhr, Sa 9–17 Uhr, So 10–17 Uhr, im Winter verkürzt | Tipp Der glitzernde Hotelkomplex »Perla« im Stadtzentrum brachte Nova Gorica den Beinamen »Slo Vegas« ein. Über 1.000 Spielautomaten und Pokertische machen ihn zum größten Spielcasino Europas, in dem sich auch italienische Stars wie Toto Cotugno oder Al Bano sehen lassen.

70_Die älteste Apotheke

Ein Kräutergarten als Fundament

Das Minoritenkloster von Olimje wirkt wie ein prächtiges Schloss mit graublauen Ornamenten an der Fassade. Das war es im frühen Mittelalter auch, ehe 1663 kroatische Paulinermönche einzogen. Diese sammelten Kräuter, aus denen sie Pflanzenheilmittel herstellten und die sie schon früh mit dem Thermalwasser aus der Umgebung bewässerten. Die Klosterapotheke gilt heute als drittälteste in Europa, nach Paris und Dubrovnik.

Das Fundament der Apotheke ist ein gepflegter Kräutergarten, der vor der Anlage blüht. Aus über 200 Heilpflanzenarten werden nach alten Rezepturen Tinkturen, Cremes und Tees hergestellt: Würzige Majoran-Salbe hilft gegen Schnupfnasen, Calendula-Creme lindert Abschürfungen, und der Früchtetee schmeckt wunderbar beerig. Ein Klassiker ist der »Patrove kapljice«, übersetzt »Paterströpfchen«, ein Klosterlikör gegen Magenzipperlein. Alles ohne Zusatzstoffe.

Die Pflanzenheilmittel werden in einem Raum mit Kuppeldecke und hölzernen Schubladenschränken verkauft. Der wirkt schön nostalgisch, das ist jedoch nicht die alte Klosterapotheke. Die befindet sich schräg gegenüber auf dem Weg in den Innenhof. Diese Bemalung! Die Paulinermönche beauftragten 1780 Freskenmaler Anton Freisinger mit der Deckengestaltung. Seither schaut der Allmächtige mit Tieren und Heilpflanzen von oben herab. Die alten Originalmöbel sind leider nicht mehr erhalten.

Allzu lange konnten die Mönche ihr hübsches Deckenfresko nicht genießen, denn 1782 wurden sie aufgrund eines Dekrets von Kaiser Joseph vertrieben. Die alte Klosterapotheke wurde im sozialistischen Jugoslawien sogar als Lagerraum genutzt. Im neuen Slowenien zogen wieder Mönche ein und belebten den Bau einmal mehr als Minoritenkloster, 217 Jahre nachdem ihre Glaubensbrüder vertrieben worden waren. Liebevoll pflegen sie die Anlage, etwa mit einer hübschen, beweglichen Weihnachtskrippe – ein weiteres Highlight, vor allem für Kinder.

Adresse Olimje 82, 3254 Podčetrtek | **Anfahrt** in Podčetrtek am Kreisverkehr Ausfahrt Trška cesta nehmen, am nächsten Kreisverkehr 1. Ausfahrt (Slake), 1,4 Kilometer geradeaus, dann 1,8 Kilometer auf der Straße Olimje, der Beschilderung folgen | **Öffnungszeiten** Mo–Sa 9–17 Uhr | **Tipp** Direkt hinter dem Kloster befindet sich eine Schokoladen-Manufaktur, wo es köstliche handgefertigte Pralinen gibt. Bruchschokolade schont die Urlaubskasse!

71 Die Lagunen

Auf der Zuckerwiese grasen die Wasserbüffel

Ein gelbes Schild warnt davor, die Weide zu überqueren. Auf diese Idee würde in den Lagunen von Ormož (Ormoške lagune) vermutlich ohnehin niemand kommen, denn dort kauen Wasserbüffel mit mächtigen Hörnern genügsam Gras. Genau dafür wurden sie aus ihrer Heimat am Neusiedler See hergebracht. Als »Rasenmäher« auf vier Beinen sollen sie den Pflanzenwuchs in den Lagunen niedrig halten, damit diese nicht zuwuchern. Ein fast 13 Kilometer langer Elektrozaun hindert die Büffel daran, dort zu weiden, wo sie nicht sollen. Mit ihren sehr breiten Hufen können sie sich gut im Sumpfgebiet fortbewegen.

Die Lagunen wurden als Entsorgungsbecken für die Abwässer der ehemaligen Zuckerfabrik Ormož (TSO) angelegt. Die große Menge an Nährstoffen in den Tümpeln hat viele gefährdete Vogelarten angezogen, die das Gebiet als Nistbereich oder Zuggebiet nutzen, darunter seltene Sumpfläufer oder Zwergammern. 1997 übernahm ein niederländischer Investor die Zuckerfabrik und baute Brutinseln. Aufgrund einer EU-Reform wurde die Produktion unwirtschaftlich und 2006 eingestellt. Damit wurde der Wasserlauf zu den Klärteichen gestoppt, die Lagunen trockneten aus und wucherten zu.

Naturschützer fürchteten um die Vogelpopulation und baten den Investor, die Lagunen nicht zu zerstören. Dessen Aufsichtsrat reagierte sofort und überschrieb das 60 Hektar große Gelände einer Naturschutzorganisation. Um die Fläche weiterhin als halbnatürliches Feuchtgebiet nutzen zu können, wurde ein offener Bewässerungsgraben gebaut. Durch Absperrventile können auch einzelne Abschnitte bewässert werden.

Seit 2017 ist das Areal mit den umliegenden Augenwäldern ein Naturreservat, in dem auch die gefährdete Europäische Sumpfschildkröte lebt. In Beobachtungshütten kann man stundenlang Vögel gucken, auf einem Picknickplatz mit Kräutergarten, Ziegen und Spielplatz lässt sich prima ein Nachmittag verbringen, ganz nah bei den Büffeln.

Adresse Pušenci, 2270 Ormož | ÖPNV Bahnhof Ormož (Strecke Murska Sobota – Hodoš) in Seenähe | Anfahrt 300 Meter östlich der Kreuzung Ormož-Ljutomer nach Süden auf Ljutomerska cesta abbiegen, nach 1,5 Kilometern links abbiegen, parallel zum Deich fahren, nach 1,5 Kilometern Parkplatz linker Hand | Öffnungszeiten jederzeit zugänglich | Tipp Oberhalb der Lagunen ergießt sich der Stausee Ormož (Ormoško jezero) entlang der Drau, durch den die slowenisch-kroatische Grenze verläuft. Klettert man auf den Deich, fällt der Blick auf eine weite Wasserfläche, die als einer der wichtigsten Nist- und Zugstopps für Zugvögel in Slowenien gilt.

72_Das Repair-Café

Der Mokka geht hier aufs Haus

Ein Prozessor ist Schrott? Eine zerfetzte Jeans gehört in die Altkleidersammlung? Nicht unbedingt. Das Repair-Café in Ormož gibt ausrangierten Gegenständen eine zweite Chance. Was geht, wird wiederverwendet. Aus dem Innenleben eines Computers werden hübsche Anhänger oder Ringe geschmiedet, eine Jeans mit aufgesetzten Taschen wird zu einer Schultertasche umgenäht. Und überhaupt finden abgelegte Kleider, Hosen oder T-Shirts für wenige Euro noch jemanden, dem sie vielleicht besser passen. Das Repair-Café in Ormož ist nicht nur ein ReUse-Laden, der zur Abfallvermeidung beiträgt, sondern gibt auch Mitarbeitern mit Zickzack-Biografien eine Chance im Arbeitsleben.

Der Laden umfasst ein Café mit einem einzigartigen Konzept. Wer türkischen Mokka mit Bodensatz liebt, wird selig sein: Zwei orientalische Sandöfen stehen bereit, der Kaffee wird im Stielkännchen, einer Džezva, mit Bodensatz gekocht. Das darf wiederum jeder Besucher selbst tun, nach einer kurzen Einweisung durch einen Mitarbeiter.

Der Preis ist mehr als fair: Der Kaffee geht aufs Haus, nur für die Tasse lässt jeder Besucher eine kleine Spende da – nach eigenem Ermessen. Das aus Spenden stammende Trinkgefäß darf man dafür mit nach Hause nehmen. Wer auf Kaffeetassen mit Goldrand aus Omas Zeiten oder jugoslawische Vintage-Tassen steht, wird begeistert sein, denn die finden sich zuhauf in der Schrankvitrine. Der Zucker steht auf einem Tisch, der zuvor Teil einer alten, mechanischen Nähmaschine war. Wirklich alles bekommt hier eine zweite Chance!

Die Lage im Schloss von Ormož mit den hohen Decken, dem glänzenden Fischgrat-Parkett, den plüschigen Retro-Sesseln an Holztischen und den frischen Blumen in der Vase ist perfekt. Hier könnte man stundenlang Mokka schlürfen, nach hübschen Sachen stöbern und ein wenig mit den übrigen Gästen plaudern. Und das Allerbeste: Jeder ist hier willkommen!

Adresse Grajska kavarniška popravljalnica, Grajski trg 3, 2270 Ormož | **Anfahrt** Regionalstraße 2 in Richtung Zentrum, dort am Kreisverkehr in die Kolodvorska cesta abbiegen, Parkplatz direkt vor dem Schloss | **Öffnungszeiten** Mo–Fr 8–16 Uhr, Infos auch im Erdgeschoss bei der Touristeninformation | **Tipp** Bis zur Ölmühle »Oljarna Jeruzalem sat« in Središče ob Dravi dauert es mit dem Auto nur eine Viertelstunde. Dort wird das preisgekrönte Kürbiskernöl verkostet (www.oljarna-jeruzalem.si).

73 Das Flugzeug

Ein Transportgeschwader im Kornfeld

Im Sommer ziehen auf der Landstraße durch die Bela Krajina von Metlika nach Norden endlose Maisfelder vorbei. Dann taucht plötzlich, unweit vom Dörfchen Otok, ein altes Flugzeug auf einer kleinen Anhöhe auf. Mitten auf der grünen Wiese parkt die amerikanische Propellermaschine, eine Douglas C-47 (DC3). Solche wendigen Flugzeuge nutzten die Amerikaner im Zweiten Weltkrieg. Steht man direkt darunter, wirkt die Maschine ganz schön imposant. Sie ist 20 Meter lang, hat eine Flügelspannweite von 29 Metern und bietet 25 Passagieren Platz.

Dass der Flieger nun bei Otok auf dem Feld thront, ist kein Zufall. In der Bela Krajina, der »Weißkrain«, wie das Grenzgebiet zu Kroatien heißt, gab es im Krieg vier improvisierte Partisanenflughäfen, unter anderem einen zwischen Krasinec und Gribljе. Der Flugplatz bei Otok hatte den militärischen Codenamen EKG2.

Ab September 1944 nutzten ihn die alliierten Streitkräfte, zunächst landeten dort sowjetische, später auch britische und amerikanische Flieger. Mit ihrer Hilfe wurden Kinder, Frauen und alte Menschen, aber auch verwundete Partisanen evakuiert und in die befreiten italienischen Gebiete ausgeflogen. Vermutlich wurden dadurch mehrere tausend Menschen gerettet. Die Flugzeuge brachten auch Ausrüstung, Lebensmittel, Kleidung und Medikamente. Mit der Propellermaschine in Otok will man an die Unterstützung der Alliierten erinnern.

Das Flugzeug auf dem Feld hat seine eigene Geschichte. Zuerst wurde die Douglas C-47 von der Jugoslawischen Volksarmee als Transportgeschwader am kroatischen Flughafen Zagreb genutzt. Als das Flugzeug ausrangiert wurde, brachte man es 1984 nach Otok. Zwei Jahre später wurde die Douglas C-47 im britischen Farbschema neu lackiert.

Sie ist das einzige Exemplar ihrer Art in Slowenien und für die Militärgeschichte des Landes bedeutsam.

Adresse Letalo DC3, Otok pri Metliki, 8332 Metlika | **Anfahrt** Regionalstraße 218 von Črnomelj in Richtung Metlika, nach etwa 12 Kilometern bei der Bushaltestelle Otok rechts abbiegen | **Öffnungszeiten** jederzeit zugänglich | **Tipp** Im Glamping-Resort Big Berry im Dörfchen Primostek schläft man in stylish umgebauten Schiffscontainern direkt an der Kolpa, dem Grenzfluss zu Kroatien. Die Frühstückszutaten stammen von regionalen Erzeugern, Stellplätze für Camper gibt's auch (www.bigberry.eu).

74 Die Gedenktafel

Wo der Astronom Johannes Kepler Zuflucht fand

Wie stapelt man gleich große Kugeln, damit möglichst viele in eine Schachtel passen? Das war eine von vielen Fragen, mit denen sich der schwäbische Mathematiker und Astronom Johannes Kepler (1571–1630) beschäftigte. Ein Lehrauftrag führte ihn 1594 zunächst nach Graz, doch schon vier Jahre später wurden die Protestanten im Zuge der Gegenreformation und per landesfürstlichem Dekret von dort vertrieben. Unter ihnen war auch Kepler.

Zuflucht fanden sie im Dörfchen Petanjci, das damals mit seinen 300 Einwohnern bedeutsamer als das heutige Regionalzentrum Murska Sobota war. Fast alle Bewohner von Petanjci waren Lutheraner. Ein gewisser Graf Nádasdy beherbergte die Geflüchteten auf seinem Anwesen. Er besaß vermutlich eine kleinere Burg, die von einem Wassergraben und einem Erdwall umgürtet war. Das lassen die Spuren im Erdreich heute zumindest vermuten.

Auf der anderen Straßenseite bezeugt eine neuere Gedenktafel Keplers Aufenthalt: »In Erinnerung an die vertriebenen protestantischen Prediger und an den Astronomen Johannes Kepler«, steht darauf auf Slowenisch. Die Tafel wurde im »Garten der Erinnerung und Freundschaft« aufgestellt. Dieser stille, gepflegte Park wurde zunächst mit Bäumen und Sträuchern bepflanzt, die von bedeutsamen Schauplätzen des Zweiten Weltkriegs stammen, später kamen weitere Orte hinzu. Entlang der Wege mahnen Namen wie Auschwitz oder Buchenwald gegen das Vergessen. Der Baumpark wurde von Ivan Vanek Šiftar (1919–1999) angelegt, einem Wissenschaftler und leidenschaftlichen Gärtner.

Kepler selbst tat übrigens »Buße« und konvertierte zum katholischen Glauben, noch 1600 wurde er Assistent des Astronomen Tycho de Brahe in Prag. Nach dessen Tod löste ihn Kepler als königlicher Mathematiker und kaiserlicher Hofastronom am Hof Rudolfs II. ab. Die übrigen Protestanten blieben hingegen noch eine Weile in Petanjci.

Adresse Vrt spominov in tovarištva, Petanjci 19, 9251 Tišina, www.dr-siftar-fundacija.org | **Anfahrt** Regionalstraße 235 von Radenci nach Murska Sobota, in Petanjci bei der Kapelle an der Hauptstraße einbiegen, von dort nur wenige Meter zum Eingang | **Öffnungszeiten** März–Dez. täglich 8–18 Uhr | **Tipp** Auf dem Weg von Petanjci nach Radenci sprudelt die Mineralquelle »Petanjski železniški vrelec« aus einem Pumpbrunnen und hinterlässt aufgrund des sehr hohen Eisengehalts rostbraune Spuren in der Erde. Um dorthin zu gelangen, biegt man gleich nach dem Überqueren der Mur rechts in eine nicht asphaltierte Straße ab, von dort sind es noch 200 Meter geradeaus.

75 Die Armee-Bohnen

In der »Kantina« wird nach Militärrezept gekocht

Vor der alten Armeekaserne von Pivka weist ein Panzer auf dem Sockel den Weg in den »Park der Militärgeschichte« (Park vojaške zgodovine). Wo früher die Jugoslawische Volksarmee stationiert war, kann man heute einen Ausflug in die Welt der Kettenfahrzeuge oder Artilleriegeschütze unternehmen und ein Stück Zeitgeschichte erleben.

In der »Kantina Pivka«, die im alten Kommandanturgebäude untergebracht ist, wird vermutlich so manche kulinarische Erinnerung an Armeezeiten wach. Dort gibt es herrlich sämigen Bohneneintopf als Löffelgericht. Das Besondere daran ist das alte Rezept, das hier kultiviert wird: »Bohnen nach Militär-Art«, Vojaški pasul. Dabei wird der Eintopf genauso gekocht, wie er früher für die Soldaten zubereitet wurde. Damit keine Fragen offenbleiben, ziert das Rezept großformatig die Wand neben dem Eingang ins Restaurant.

Serviert wird der Bohneneintopf in gepunkteten Retro-Schüsseln aus Emaille (siehe Ort 10). Wem das jedoch nicht authentisch genug ist, der plant einfach ein Event im »Kantina«. Für Gruppen wird der Bohneneintopf dann auf Wunsch sogar in militärgrünen Thermobehältern mit Tragegurten serviert, mit deren Hilfe das Essen beim Manöver auf dem Gelände warm blieb. Im Gepäck hatten die Soldaten auch ein kompaktes Aluminium-Etui mit Messer, Gabel und Löffel, mit dem heute bei Gruppen-Events gegessen wird. Alles stammt aus Original-Militärbeständen. Wer keinen Wert auf Retro legt, nimmt den Eintopf in der Brotschale.

Doch was gehört eigentlich in den Kochtopf? Zunächst weiße Bohnen, die über Nacht eingeweicht werden. Dann schwitzt man ein wenig Zwiebeln und Suppengrün im Topf an und lässt das Ganze 1,5 Stunden köcheln. Für die »Einbrenn« werden Mehl, Öl und Tomatenmark vermengt. Dazu passt in Scheiben geschnittene Krainer Wurst. Wem das Rezept zu aufwendig ist, der findet im »Kantina« sein Bohneneintopf-Paradies.

Adresse Kantina Pivka, Park Vojaške zgodovine, Kolodvorska cesta 51, 6357 Pivka, www.kantinapivka.si | Anfahrt A 1, Ausfahrt Pivka, 35 Kilometer auf der Regionalstraße 6 in Richtung Kroatien, Militärpark in Pivka gut ausgeschildert | Öffnungszeiten Mo, Mi–Fr 10–17 Uhr, Sa, So 10–18 Uhr | Tipp Auf dem Museumsgelände beginnt ein Wanderweg, der zum Trainingspunkt Kota 110 führt, wo Soldaten in Schützengräben und Kavernen trainierten, ehe sie im Ersten Weltkrieg an die Isonzo-Front geschickt wurden.

76 Der längste Tunnel

Auf alten Bahntrassen radeln

266, 267, 268 … In leuchtendem Grün zählt die Anzeigetafel genau mit, wie viele Menschen an diesem Vormittag schon den Tunnel Valeta passiert haben, der Portorož und Strunjan im Hinterland der Küste miteinander verbindet. Die meisten sind mit dem Fahrrad unterwegs, nur wenige zu Fuß. Ein Radfahrer mit weißem Haar flitzt schon zum dritten Mal vorbei und ruft vergnügt: »Wussten Sie, dass das mein Lieblingsort bei der Hitze ist?« Recht hat er. Angenehm kühl ist es in der steinernen Röhre, die unter dem Lucan-Hügel verläuft.

Der Tunnel ist ein Teilabschnitt des Rad- und Wanderwegs »Parenzana«, der den Beinamen »Weg der Gesundheit und Freude« trägt. Die Strecke durch Slowenien ist als »D-8« mit einem blauen Radfahrer-Schild dokumentiert und 34,4 Kilometer lang.

Früher dampfte hier die »Parenzana« entlang. Die 123 Kilometer lange Schmalspurbahn verband ab 1902 Triest via Portorož mit der kroatischen Küstenstadt Poreč, die auf Italienisch Parenzano heißt. Es ging über Viadukte, Hügel und Tunnels wie diesen, der mit 550 Metern der längste und am besten erhaltene ist.

1935 war Schluss mit der unwirtschaftlichen Bahntrasse, die vor allem Olivenöl, Wein oder Getreide von Istrien nach Triest und weiter nach Wien transportiert hatte. Benito Mussolini ließ die Gleise abbauen und fünf Jahre später nach Abessinien, heute Äthiopien, verschiffen, wo die Fracht jedoch nie ankam, da sie vermutlich gesunken ist. Lok und Waggons wurden fortan auf italienischen Trassen genutzt.

Im Zweiten Weltkrieg musste der Valeta-Tunnel als Lager herhalten, später nutzte man das kühle, feuchte Mikroklima zur Pilzzucht. 2006 wurde die aufgelassene Bahntrasse »wiederbelebt«, der Weg durch den Tunnel wurde asphaltiert und mit einer Beleuchtung versehen. Betonpoller halten Autos davon ab hineinzufahren. Mehr Kühle im Sommer gibt es vermutlich nirgendwo in Küstennähe!

Adresse Kolesarska pot zdravja in veselja »Parenzana« (D-8), Predor Valeta, 6320 Portorož | Anfahrt A1, Ausfahrt Koper, über die Schnellstraßen H5 und H6 und die Regionalstraße 111 in Richtung Izola, vom zentralen Parkplatz Portorož-center dem Senčna pot etwa 500 Meter nach Nordosten folgen | Öffnungszeiten jederzeit zugänglich | Tipp An den aufgelassenen Salzgärten von Strunjan vorbei steigt man zu den höchsten Steilklippen in diesem Teil der Adria hinauf, die schroff und weiß abfallen, oder man klettert den Hang zu den Badeplätzen hinunter.

77 Die Geheimräume

Im Hotel Jama lässt »Big Brother« grüßen

Graue Marmorstufen führen in die Lobby des Hotel Jama direkt neben der Höhle von Postojna. Branko, der Guide, begleitet seine Gäste in den ersten Stock zu einer hellen Zimmertür. Zunächst unterscheidet sie sich nicht von den übrigen Türen. Erst beim Eintreten folgt die große Überraschung: Der Raum ist in Dämmerlicht getaucht, in der Ecke steht eine Retro-Telefonzelle. Sechs Barhocker bieten Platz vor Kabinen mit roten Wählscheiben-Telefonen.

Vom Band und auf Deutsch erzählt ein ehemaliges Zimmermädchen von jugoslawischen Zeiten. Im vierten Stock habe es Hotelzimmer für ranghohe Gäste gegeben, die jedoch nur von ausgewähltem Personal betreten werden durften. Sie sei nur einmal dort gewesen. Als sie die Zimmertür öffnete, habe der Luftzug einen Stapel Geldscheine aufgewirbelt.

Es ist die Geschichte eines Hotels, das 1971 gebaut wurde und viele Jahre lang ein unbekanntes Doppelleben führte. Dass es darin zu jugoslawischen Zeiten geheime Räume und Abhöranlagen gab, mit denen Gäste bespitzelt wurden, kam erst 2016 bei Renovierungsarbeiten ans Tageslicht. Von der Funktion der Zimmer habe man nichts geahnt, erzählt der Architekt in einem spannenden Film.

Dann geht es treppab. Guide Branko führt durch die unterirdische Kommunikationszentrale mit Abhöranlagen und Schreibmaschinen, mit denen die Mitarbeiter des Geheimdienstes ihre Protokolle tippten. Alles wirkt wie die perfekte Kulisse für einen alten James-Bond-Film. Mit dem Unterschied, dass es sich hier nicht um ein Filmset oder einen Escape-Room handelt, sondern um ein Stück Realität aus dem Kalten Krieg.

Es gilt, einen Geheimcode zu knacken, dann finden sich die Besucher im Freien wieder, in einer unerwarteten Ecke des Hotelkomplexes. Was bleibt, ist die zentrale Frage: Wie konnte so etwas so lange geheim bleiben? Die Antwort wird vermutlich für immer das Geheimnis der Hotelwände bleiben.

Adresse Hotel Jama, Jamska cesta 30, 6230 Postojna, www.postojnska-jama.eu | **Anfahrt** A 1, Ausfahrt Postojna, der Beschilderung folgen, Hotel direkt neben dem Kassenbereich | **Öffnungszeiten** Führungen auf Englisch und Slowenisch ganzjährig um 9 und 17 Uhr, Voranmeldung unter www.postojnska-jama.eu erforderlich, Führungen auf Deutsch auf Anfrage | **Tipp** Folgt man dem Flusslauf der Pivka wenige Minuten am Uferweg entlang, kommt man kurz nach der Modrijan-Mühle zu einem sogenannten Schluckloch. Dort verschwindet die Pivka in einer Felswand, um in der Höhle weiterzufließen.

78 Das Höhlenpostamt

Urlaubsgrüße verschickt man in der Grotte

Die Höhle von Postojna fasziniert mit riesigen Tropfsteinwelten. Fast ein wenig in Vergessenheit geraten ist dort jedoch das unterirdische Postamt. Es ist das einzige seiner Art weltweit, das sogar eigene Sonderstempel hat. Eingerichtet wurde es bereits 1899, als die Fotografie aufblühte und mit ihr Postkarten in Mode kamen. Bereits vor dem Ersten Weltkrieg wurden hier durchschnittlich 6.000 bis 10.000 Postkarten pro Tag verschickt, die mit einem deutschsprachigen Sonderstempel der »Adelsberger Grotte« versehen waren. Als die Schauhöhle nach dem Ersten Weltkrieg unter italienischer Verwaltung stand, nutzte man italienische Sonderstempel.

Das alte Postgebäude im Erdinneren war aus Stein. Es hatte zwei Fenster, zwischen denen sich ein Briefkastenschlitz befand. Die vier Mitarbeiter des Postamtes hatten vor allem an Festtagen viel zu tun. An Pfingsten 1924 wurden in nur sechs Stunden 25.000 Postkarten verkauft und verschickt. Pro Jahr kamen sogar bis zu 800.000 Kartengrüße zusammen.

Das Geschäft mit den Grußkarten boomte. Daher entschloss sich die Höhlenleitung 1927, das Postamt zu vergrößern. Es wurde in den »Konzertsaal« unweit des Bahnsteigs des Höhlenzugs verlegt. Dort gab es eine größere Stellfläche für die Tische, die mit farbigen Regenschirmen aus Glas vor Wassertropfen geschützt waren.

Nach 1945 verwendete das Höhlenpostamt zunächst einen roten Sonderstempel für die Zone B, zu der der italienische Teil Sloweniens gehört hatte, ehe dieser zu Jugoslawien kam. Mehrere Jahre war das Postamt nur an Feiertagen geöffnet, ab 1958 in der Sommersaison dann wieder täglich. Das alte Postamt wurde 1983 abgetragen. Geblieben ist nur ein knallgelber Briefkasten mit Schreibtisch in einer Ecke des unterirdischen Souvenirgeschäfts. Dort kann man heute noch seine Postkarten ganz gemütlich schreiben, direkt einwerfen und sich über einen hübschen Sonderstempel freuen. Alles ganz entschleunigt, wie früher.

Adresse Postojnska jama, Jamska cesta 30, 6230 Postojna, www.postojnska-jama.eu | Anfahrt A 1, Ausfahrt Postojna, der Beschilderung folgen | Öffnungszeiten ganzjährig Führungen um 10, 12 und 15 Uhr, im Sommer zusätzliche Führungen 9–18 Uhr, Infos siehe Webseite | Tipp Im Inneren der berühmten, neun Kilometer entfernten Höhlenburg Predjama wurde eine Höhle mit einem Windloch entdeckt. Sie ist zwischen Mai und September nach Voranmeldung zu besichtigen, die Ausrüstung wird gestellt (info@postojnska-jama.eu).

79 Die Kurenti

Zottige Fabelwesen erobern die Hauswand

Winter ade: Mit dicken Schaffellen und lauten Glocken am Hals vertreiben die berühmtesten slowenischen Karnevalswesen, die Kurenti, die kalte Jahreszeit. Höhepunkt ist ein großer Straßenumzug, das »Kurentovanje« in Ptuj. Bei dem Straßenumzug sind auf einmal ganz viele von ihnen da: zottige Fabelwesen mit mächtigen Kuhglocken am Bund, die durch die sonst so friedliche Stadt ziehen. Sie rütteln und schütteln ihre Glocken, ihre roten Lederzungen hängen schlaff aus dem Mund. Mit dem Lärm soll der Winter vertrieben werden. Zu laut? Für die Kurenti vermutlich nicht: Die tragen nämlich dort, wo man ihre Ohren vermuten würde, ein paar bunte Federn. Eine Kette mit aneinandergereihten weißen Bohnen symbolisiert ihre Zähne. Zubeißen ist also schon mal nicht.

Dafür schnappen sie zu. Und zwar nach jedem Stofftaschentuch, das ihren entgegengestreckt wird. Wer am Schluss die meisten gesammelt hat, ist der beste oder beliebteste Kurent. Übrigens stecken nur Männer in den Kostümen.

Neu ist der lebhafte Brauch nicht. Er stammt noch von den Kelten, die in der Gegend einmal siedelten. 1960 besann man sich in Ptuj auf die alten Traditionen. Seither wird alljährlich zur Karnevalszeit zehn Tage lang gefeiert. Die närrische Saison, zu der auch ein Prinzenpaar und geschmückte Traktoren gehören, beginnt mit einem Sprung über das lodernde Lagerfeuer. Dann tanzen die zottigen Kurenti drum herum. Die UNESCO setzte das Kurentovanje übrigens 2017 auf die Liste des immateriellen Weltkulturerbes – das dürfte sogar den grimmigen Kurenti ein Lächeln entlockt haben.

Wer nicht mitfeiert, findet die Karnevalswesen an manchen Häusern in der Altstadt von Ptuj, gegenüber dem Muzikafe sind sie als Relief an der Fassade abgebildet. Bei der Touristeninformation am Slovenski trg darf man das Fellkostüm eines Kurent übrigens auch mal anfassen. Noch mehr Kostüme gibt es im Eingangsbereich der Burg.

Adresse Jadranska ulica, 2250 Ptuj | Anfahrt A 4, Ausfahrt 4 Ptuj-center, immer in Richtung Zentrum, in der Osojnikova ulica links in den Vinarski trg abbiegen, nach 400 Metern links in die Slomškova, die 1. Straße links bis zum Slovenski trg, vom zentralen Platz in der oberen Altstadt, Slovenski trg, die Treppen in die Jadranska ulica hinabgehen, Häuser mit den Kurenti auf der rechten Seite | Öffnungszeiten jederzeit zugänglich | Tipp Nach einer Weltreise beschloss eine vierköpfige Familie, die Welt zu sich zu holen, und gründete ein kunterbunt-kreatives »Muzikafe« mit Sommerterrasse und Übernachtungsmöglichkeiten – gegenüber den Kurent-Häusern in der Jadranska ulica (www.muzikafe.si).

80 Das Puch-Motorrad

Hier drehen nicht nur Biker gern ihre Runden

Verkehrskreisel in Slowenien sind oftmals Mikro-Museen, die nur ein einziges, dafür jedoch ortstypisches Ausstellungsstück zeigen. So werden Autofahrer in Planica von drei Sprungschanzen begrüßt, während im K.-u.-k.-Kurbad Rogaška Slatina Thermalwasser auf einem Kreisverkehr blubbert. In Ptuj, dem alten Pettau, überragt hingegen ein aufgebocktes schwarzes Retro-Motorrad den Kreisel in der Puhova ulica. Ein Zeichen für eine Biker-Hochburg? Eher nicht, dafür eine Hommage an einen früheren Stadtbewohner, der im nahen Dörfchen Sakušak geboren wurde. Auf dem Kreisel steht sein Name auf Slowenisch: »Janez Puh 1862–1914«. International kennt man ihn als Johann Puch. Klingelt's jetzt? Puch-Motorräder?

In Ptuj absolvierte Puch eine Schlosserlehre, daraufhin ließ er sich in Graz nieder und reparierte Fahrräder. Die meisten Modelle stammten zu dieser Zeit aus England, das Niederfahrrad mit feingliedriger Kette löste gerade das schwergängige Hochrad ab. Angeregt durch den örtlichen Radclub, der zu seiner Kundschaft gehörte, tüftelte Puch so lange, bis er 1890 sein eigenes Modell vorstellte: die »Styria«. Damit fuhr er Radrennen, und schon bald war die Marke auch außerhalb der Monarchie bekannt. Puch begann mit der Fabrikproduktion und schloss sich mit dem deutschen Unternehmen Dürrkopp zusammen. Nach einem Streit schied Puch 1897 aus der Firma aus. Eine Sperrklausel hinderte ihn jedoch zwei Jahre lang am Bau von Fahrrädern.

So kam es schließlich, dass Puch seine Ideen abwandelte. Er präsentierte zunächst ein Motorrad mit drei Rädern, begann 1903 mit der Serienfertigung. Noch vor dem Ersten Weltkrieg produzierte Puch 10.000 Fahrräder und 750 Motorräder. 1934 wurde sein Unternehmen Teil der späteren »Steyr Daimler Puch AG«.

Die »Puch 175 SV« ist legendär und hat bis heute ihre Anhänger. Sie rollte zwischen 1953 und 1967 gar 81.000-mal vom Band, mit einem Zweitakt-Doppelkolbenmotor ausgerüstet. Eine davon ziert heute den Verkehrskreisel von Ptuj.

Adresse Puhova ulica, 2250 Ptuj | Anfahrt A 4, Ausfahrt 5 Draženci, auf der Regionalstraße 2 die südliche Brücke über die Drau nehmen, an »Industrijska cona« orientieren, Kreisverkehr an der MOL-Tankstelle im Gewerbegebiet | Öffnungszeiten jederzeit zugänglich | Tipp Wenn man schon mal in der Gegend ist, sollte man sich das Geburtshaus von Puch im Dörfchen Sakušak (Nummer 83) anschauen, das man nach einer Viertelstunde Autofahrt in Richtung Murska Sobota erreicht (www.janez-puh.si, Sa, So 10–18 Uhr).

81 Der Uhrturm

Kein Zeiteisen für knausrige Burgherren

Mit seiner roten Zwiebelhaube wirkt der Stadtturm von Ptuj, als habe ihm jemand eine Pudelmütze übergestülpt. Er ist spitz, hoch und überragt das alte Pettau wie eine Lanze. Den schönsten Blick auf den markanten Turm hat man vom Schlossberg aus, wo der Blick bis zur Drau (Drava) fällt. Alles wirkt so malerisch, dass man hier oben fast die Zeit vergessen könnte. Wie spät war es gleich noch mal?

Wer nun zum Stadtturm schaut, wird allerdings keine Antwort bekommen. An der Nordseite, die dem Schloss zugewandt ist, gibt es nämlich keine Uhr. An den übrigen drei Seiten hingegen schon. Das fehlende Zifferblatt ist jedoch kein Versehen, sondern sollte ein Denkzettel für die Burgherren sein. Die wollten nämlich kein Geld für den Turmbau beisteuern, daher sollten sie auch keine Uhr bekommen. Von 1656 bis 1802 lebten dort die Grafen Leslie, mit denen sich die Stadt wohl häufiger nicht so ganz einig war. Mal ging es um Reparaturen an der steilen Burggasse, mal um Mautgebühren oder um etwas ganz anderes.

Überhaupt ist die Geschichte des Uhrturms ziemlich abenteuerlich. Dessen Höhe und sogar seine Funktion haben sich nämlich immer wieder verändert. Eigentlich war der schlanke Bau, der schon 1376 im Stadtstatut erwähnt wurde, als Wachturm gebaut worden. Als im 16. Jahrhundert eine Stadtmauer hinzukam, war der Turm zu niedrig und wurde auf fünf Etagen aufgestockt. Nachdem es wiederholt zu Bränden in der Stadt gekommen war, baute man ihn aus Sicherheitsgründen erneut ein wenig niedriger. Und als schließlich der Turm der benachbarten Georgskirche (Sveti Juraj) abbrannte, änderte der Stadtturm seine Identität: Er wurde zum Kirchturm und bekam Glocken, von denen heute noch zwei läuten, während die übrigen im Zweiten Weltkrieg abgetragen wurden. Und wie es sich für einen Kirchturm gehörte, gab es auch eine Uhr – wenn auch nur mit drei Zifferblättern.

Adresse Slovenski trg, 2250 Ptuj | Anfahrt A 4, Ausfahrt 4 Ptuj-center, immer in Richtung Zentrum, in der Osojnikova ulica links in den Vinarski trg abbiegen, nach 400 Metern links in die Slomškova, die 1. Straße links bis zum Slovenski trg | Öffnungszeiten nur von außen zu besichtigen | Tipp Am Slovenski trg 2 lohnt ein Blick in den zauberhaften Geschenkeladen Škrinjica unikatov (Schatzkammer der Unikate), in dem es selbst genähte Taschen, Retro-Geschirr und originelles Kunsthandwerk aus Slowenien gibt.

82 Der Drei-Herzen-Pavillon

Mit »Säuerlings-Champagner« gegen die Cholera

Der Park in Radenci ist was für Nostalgiker. Da bummelt man an vergessenen Villen und Sitzbänken vorbei, von denen die Farbe blättert. Irgendwann steht man vor einem schlichten dunkelgrünen Pavillon. Das einzig Auffällige an ihm sind die drei roten Herzen, die in Slowenien jedes Kind kennt. Es ist das Logo des landesweit berühmtesten Mineralwassers »Radenska«, das eine lange Tradition hat.

In Radenci sprudelte, zischte und plätscherte es schon immer. Die Geräusche im Erdinneren beflügelten die Legenden: Von Gnomen, die einen unterirdischen Stollen für das Wasser aushoben, war die Rede. Von einer Verabredung, die Donner und Hagel abhielten. Oder von Hexen, die Knödel kochten. Als der Medizinstudent Karl Henn, Jahrgang 1809, durch Radenci reiste, machte ihn sein Kutscher auf das Blubbern aufmerksam. Als Henn drei Jahrzehnte später zurückkehrte, mittlerweile als erfahrener Arzt und Balneologe, erinnerte er sich an die Geschichte. 1865 kaufte er das Grundstück mitsamt Quelle und ließ nach dem »Wunderwasser« bohren. Vier Jahre später blubberte das Wasser aus 17 Metern Tiefe durch die Eichenholzrohre. Schon im ersten Jahr wurden 37.000 Tonflaschen abgefüllt. An die Stelle, wo das Mineralwasser erstmals gezapft wurde, erinnert ein zweiter Nostalgie-Pavillon östlich des Kurparks.

In Annoncen, die ab 1870 erschienen, warb man für Radenska Mineralwasser, das bei Magen-, Darm-, Nieren- und Blasenleiden, Gicht, Hämorrhoiden, Erkältungen und sogar präventiv gegen Cholera und Fieber helfen sollte. Zu Wein- oder Saftschorle gemischt, wurde das Wasser auch »Säuerlings-Champagner« genannt. Auch bei der Zubereitung von Sauerkraut durfte es nicht fehlen.

Henn belieferte den Hof in Wien und sogar den Papst in Rom. Eine Schwimmhalle entstand, der Grundstein für die Terme Radenci war gelegt. Seit 1882 dümpeln Kurgäste hier im »Wunderwasser« – und mit Nostalgiefaktor.

Adresse Park Radenci, Zdraviliško naselje, 9252 Radenci | **Anfahrt** A 5, Ausfahrt 5 Sv. Jurij ob Ščavnici, der Beschilderung bis Ortskern Radenci / Radgonska cesta folgen, von dort zu Fuß in den östlichen Parkabschnitt | **Öffnungszeiten** jederzeit zugänglich | **Tipp** Schon zu jugoslawischen Zeiten gab es eine Minigolfanlage im Kurpark, dann lange Jahre nicht mehr. Seit 2021 kann man dort wieder den Schläger schwingen, optisches Highlight ist ein nostalgischer Miniatur-Pavillon mit den berühmten drei Herzen auf der Wetterfahne.

83 Der Rosenkranz

Gebetsketten müssen nicht immer handlich sein

Ein Rosenkranz kann aus Perlmutt, Glas, Kunststoff, Hämatit, Obsidian oder Holz gefertigt sein. Die traditionelle Gebetskette der katholischen Kirche gibt es mittlerweile auch als kurzen Fingerrosenkranz oder als elektronisches Gadget, das mit dem Smartphone verbunden ist. Ganz gleich, für welche Variante man sich entscheidet, ein klassischer Rosenkranz besteht immer aus 59 Perlen und einem Kreuz.

Das ist auch in Radeci nicht anders, wo es allerdings einen rekordverdächtigen Rosenkranz gibt. Wenn man sich der Kirche Sv. Cirila in Metoda (St. Kyrill und Method) nähert, kann man ihn gar nicht übersehen. Die Gebetskette baumelt dort am schlanken Kirchturm, der wie der Hals eines Riesen wirkt – das sollte man sich anschauen.

Die Kirche wurde schon in den 1960er Jahren geplant. Das Gotteshaus in der Nachbargemeinde war zu klein geworden, für die Alten war der Weg dorthin zu weit. Zunächst nutzte man die St.-Anna-Kapelle im Kurpark, doch der Platz dort reichte nicht für alle Kirchgänger. Ein Neubau im tiefsten Sozialismus? Die bürokratischen Hürden waren hoch. Um diese zu umschiffen, gründete man 1977 eine neue Pfarrei und begann, Baugenehmigungen einzuholen und Spenden zu sammeln. Geld kam von anderen Kirchengemeinden im Prekmurje, aber auch von der befreundeten Kirchengemeinde in Stuttgart-Rohr, der Caritas Württemberg und Exil-Slowenen aus Amerika oder Kanada.

1984 wurde schließlich der Grundstein für die neue Kirche gelegt. Architekt Blaž Slapšak hatte sie als eine Art Zelt konzipiert. Die Pläne mussten nachgebessert werden, das Grundwasser forderte ein höheres Fundament, in das auch ein Stein aus dem Grab des heiligen Kyrill in Rom eingelassen wurde. 1987 wurde die Kirche schließlich geweiht. Falls Sie jemanden vor Ort nach dem Weg fragen wollen: Die Slowenen nennen den Rosenkranz im Dialekt »roženkranc«, was wie »Roschenkrantz« ausgesprochen wird.

Adresse Gubčeva cesta 22, 9252 Radenci | Anfahrt A 5, Ausfahrt 5 Sv. Jurij ob Ščavnici, der Beschilderung bis Ortskern Radenci folgen, vom Kurpark Radenci/Ortsmitte die Radgonska cesta nach Südosten, im Kreisverkehr 1. Ausfahrt nehmen, nach etwa 100 Metern rechts in die Gubčeva cesta | Öffnungszeiten jederzeit zugänglich | Tipp Folgt man der Panonska cesta am großen Verkehrskreisel, kommt man nach ein paar Minuten zur Mur, wo man prima am Fluss entlangspazieren kann.

84 Die Park-Wale

Riesenfische erobern die grüne Wiese

Ein Buckelwal, der bis zu 15 Meter groß wird, hat vor der slowenischen Küste vor einigen Jahren für Aufruhr gesorgt. Seine Artgenossen tun das ständig, allerdings dort, wo man sie am wenigsten vermuten würde: auf einer grünen Wiese im Arboretum Volčji Potok bei Kamnik – als Attrappen. Mal ragen riesige Fischflossen aus dem Rasen, mal muss man den Hals ganz schön recken, je nachdem, ob man gerade unter einem Schnabelwal oder einem Grönlandwal steht. Die »Giganten der Tiefe«, die da auf dem Trockenen treiben, wirklich ziemlich echt. Der Bildhauer Edin Edo Ščuka hat die Plastiken in ihrer natürlichen Größe gefertigt, professionelle Kunstmaler haben ihnen einen farblichen Anstrich verpasst. Und nun kann man sie aus nächster Nähe bestaunen.

Zugegeben, die Idee ist nicht schlecht. Das Arboretum, Sloweniens größter Pflanzenpark, ist sonst vermutlich kein Ort, für den man den Nachwuchs spontan begeistern kann. Stellen Sie sich einmal folgende Szene beim Sonntagsfrühstück vor: »Kinder, heute gehen wir Tulpen gucken!« Je nach Kindesalter wird das vermutlich entweder ein Gähnen (die Großen) oder fragende Blicke (die Kleinen) hervorrufen.

Mit Walen – und gleich nebenan auch noch lebensgroßen Dinos mit gefletschten Zähnen – sieht die Motivation schon anders aus. Ganz zu schweigen von den Riesen-Trampolinen, der Seilbahn, den Schaukeln, dem Klettergerät und einer Bimmelbahn im Park. Selfie-verliebte Jugendliche kann man mit visuellen Täuschungen wie einem Tisch, der an der Decke klebt, ebenfalls begeistern.

Doch eigentlich sind die Blumen ja die Stars hier. Jedes Jahr im April verwandelt sich der Park in ein riesiges Blütenmeer, wenn dort zwei Millionen Tulpen blühen. Die Zahl ist symbolisch: Für jeden Einwohner Sloweniens wurde eine Tulpenzwiebel gepflanzt. Und mit Sorten wie »Ice cream«, die wie Himbeereis mit Sahne aussieht, dürfte man auch Park-Muffel hinter dem Ofen hervorlocken.

Adresse Arboretum Volčji Potok, Volčji Potok 3, 1235 Radomlje, www.arboretum.si | Anfahrt A 1, Ausfahrt Kamnik, der Beschilderung »Arboretum« bis Volčji Potok 20 Kilometer folgen | Öffnungszeiten März, Okt. täglich 8–18 Uhr, April–Aug. täglich 8–20 Uhr, Sept. täglich 8–19 Uhr, Nov.–Feb. täglich 8–17 Uhr | Tipp Das Park-Anwesen Brdo ist als Treffpunkt von Regierungschefs bekannt. Ist gerade keiner zu Besuch, kann man dort »Slowenien im Kleinen« mit Heuharfen, Bienenstöcken mit Krainer Bienen und Kutschfahrten mit den weltberühmten Lipizzaner-Pferden aus Lipice erleben (www.brdo.si).

85 Die Filmkulisse

Wildwest-Romantik für Winnetou

Mit wallendem schwarzen Haar reitet er durch die Prärie, trifft seinen Blutsbruder Old Shatterhand und ist von felsigen Schluchten, spektakulären Höhlen und viel Natur umgeben: Winnetou, der Kult-Indianer, der der Feder von Karl May entstammt. In den 1960er Jahren wurde der Abenteuerroman von Horst Wendland verfilmt und lockte Millionen von Zuschauern in die deutschen Kinos. Zu den berühmtesten Drehorten im ehemaligen Jugoslawien gehören zwar die Plitwitzer Seen in Kroatien, wo der legendäre »Schatz im Silbersee« versunken ist – doch auch in Slowenien wurden einige spannende Szenen aufgenommen.

Einer der Drehorte war Ljubljana. So wurde in »Winnetou 3« die Westernstadt im Stadtteil Stožice zu »Mason City«. Da das Wetter nicht mitspielte, zog das Drehteam, das im Hotel Lev übernachtete, in die Höhle Taborska jama / Županova jama bei Grosuplje. In »Winnetou 2« stieg Winnetou-Darsteller Pierre Brice in einen See im Naturreservat Rakov Škocjan, um Ribanna (Karin Dor) und Leutnant Merril (Mario Girotti / Terence Hill) zu befreien. Im Film »Old Surehand« wurde die Szene, in der sich Winnetou zum »Labyrinth des Todes« aufmacht, ebenfalls bei Rakov Škocjan aufgenommen – dem ältesten Landschaftspark des Landes, der diesen Schutzstatus schon seit 1949 hat.

Nicht nur als Winnetou-Fan sollte man diesen malerischen Drehort erlebt haben. Rakov Škocjan ist ein 2,5 Kilometer langes Tal, das durch den Einbruch einer Karsthöhle entstanden ist. Der Deckeneinsturz führte dazu, dass heute nur noch Ein- und Ausgang vorhanden sind, die sich in Form zweier hoher Felsbrücken präsentieren: Veliki naravni most (Große Naturbrücke) und Mali naravni most (Kleine Naturbrücke) sind die Überreste dieser Höhle. Durch das schattige Tal, in dem man prima wandern kann, schlängelt sich der Bach Rak. Alles wirkt so wildromantisch, als würde Winnetou gleich ums Eck geritten kommen.

Adresse Krajinski park Rakov Škocjan, 1380 Cerknica, www.notranjski-park.si | Anfahrt A 1, Ausfahrt Unec, etwa 6 Kilometer der Beschilderung folgen, Parkplätze unweit der Kleinen Naturbrücke (Mali naravni most) | Öffnungszeiten jederzeit zugänglich | Tipp Mitten in dem ruhigen Tal kann man sich im weitläufigen Garten des Hotel Rakov Škocjan bei Kaffee und Kuchen stärken.

86 Die Schauwerkstatt

Ein Besuch beim Korbmacher

Es gibt Berufe, die hat man fast vergessen. Der Korbmacher gehört sicherlich dazu. In Ribnica, dem alten Holzwarenzentrum Sloweniens, kann man den Beruf noch erlernen. Die Tradition wird auch in einer Schauwerkstatt im örtlichen Handwerkszentrum gepflegt – unter anderem von Nikolaj, der lieber nur seinen Vornamen lesen möchte.

Der freundliche ältere Herr war früher Buchhalter, als Rentner hat er nun seine Leidenschaft für das Korbflechten entdeckt. Gerade biegt er in der Werkstatt einen großen Kaminkorb zurecht. 18 bis 20 Stunden benötigt er dafür, für ein kleineres Modell sind es zwölf Stunden. Dazu nimmt er frische Haselruten aus dem Wald, die besonders biegsam sind, damit der Henkel hält. Geschickt schnitzt Nikolaj die Rinde ab, dann probiert er hin und her, bis das gebogene Holz als Henkel passt. Birkenzweige verwandelt er in einen Reisigbesen.

Besucher können Nikolaj und seinen Kollegen in der Schauwerkstatt zuschauen, Fragen stellen und natürlich auch das eine oder andere schöne Stück kaufen. Im Sommer gibt es dort auch eine Schautöpferei. Im Obergeschoss wird Holzkunst ansprechend präsentiert, und aus einem ungewöhnlichen Automaten kann man Kochlöffel und Co. ziehen.

Die Holzwaren aus Ribnica kannte man früher auch auf deutschem, österreichischem und ungarischem Boden, denn Kaiser Friedrich III. hatte den Handwerkern aus Ribnica 1492 das Hausiererpatent verliehen. Das war am 23. Oktober, seither ist der Tag ein Feiertag in der Gemeinde. Wanderhändler gingen von Haus zu Haus, den Rücken mit Holzwaren beladen. Alljährlich am ersten Sonntag im September findet ein großer Markt in Ribnica statt, denn das Hausiererpatent umfasste auch das Marktrecht. Wer an anderen Tagen kommt, kann sich im Laden des Handwerkszentrums eindecken, unter anderem mit so originellen Produkten wie hölzernen Halsfliegen oder Ohrringen, aber auch Klassikern wie Kochlöffeln – zu sehr fairen Preisen.

Adresse Rokodelski center Ribnica, Cesta na Ugar 6, 1310 Ribnica, www.rokodelski-center.si | Anfahrt ab Ljubljana der Regionalstraße 106 etwa 40 Kilometer folgen, vom Zentrum in Ribnica 300 Meter nach Südwesten über die Kolodvorska ulica, in die Urbanova und die Cesta na Ugar, Handwerkszentrum auf der rechten Seite | Öffnungszeiten Mai–Sept. Mo–Fr 9–17 Uhr, Sa 9–18 Uhr, So 10–18 Uhr, Okt.–April Mo–Fr 9–17 Uhr, Sa 9–13 Uhr | Tipp Im Garten des schräg gegenüberliegenden Schlosses Ribnica (Grajski park) sitzt man schön schattig beim Cappuccino, und wer noch mehr Holzhandwerk sehen will, macht einen Abstecher ins Schlossmuseum.

87 Das Wetterhäuschen

Immer Kummer mit der Kurschatten-Nummer

In nostalgischem Schönbrunner Gelb leuchtet das Grand Hotel in Rogaška Slatina. Stehen die hohen Fenster gerade offen, lässt sich prima ein Blick auf Spiegelwände und Lüster im alten Kristallsaal werfen. Wenn Franz Liszt am Flügel spielte, war kein Platz mehr frei. Der Habsburger Adel vertrieb sich hier die Zeit mit Trinkkuren, flanierte durch den heute noch makellosen Kurpark und verschickte »Postkartengrüße aus Rohitsch-Sauerbrunn«, wie Rogaška Slatina damals noch hieß. Dass man sich an solchen Orten näherkam, liegt in der Natur der Dinge. Kuraufenthalte waren bestens geeignet, um verwitwete, gut situierte Partner »zwecks Eheanbahnung« zu finden – oder wenigstens einen zeitweiligen Kurschatten.

Davon zeugt auch das alte Wetterhäuschen von 1926, das ein wenig vergessen neben dem Nostalgie-Hotel steht. Aus dunklem Holz geschnitzt, bildet es Szenen ab, die sich hier vermutlich mehr als einmal zugetragen haben. Die hölzerne Bildergeschichte beginnt mit einem Kurgast, der seine Gesundheit mit Heilwasser stärkt, der Grund, weshalb man ja bekanntermaßen herkam. Auf dem nächsten Bild begegnen sich eine Frau und ein Mann im Kurpark. Mit einem Kuss offenbart er ihr seine Zuneigung. Hoppla, in der nächsten Szene ist die Liebe nicht erst erwacht, sondern schon richtig entflammt: Herzklopfen und ganz große Gefühle stehen auf der Agenda.

Wer nun ein Happy End erwartet, wird enttäuscht. Bereits im darauffolgenden Bild ist das Glück auch schon wieder vorbei. Die Frau sitzt nun allein im Kurpark und heilt mit dem gesunden Wasser ihre »Herzenswunden«, so die deutsche Übersetzung auf der Tafel nebenan.

Das letzte Holzrelief am Wetterhäuschen stimmt kaum optimistischer, denn es besagt, dass Regentage einsam machen und so lange dauern. Auf Slowenisch und Deutsch wird jedoch darauf hingewiesen, dass man das Ganze nicht allzu ernst nehmen sollte. Ein kleiner Trost.

Adresse Vremenska hiša, Zdraviliški trg, 3250 Rogaška Slatina | **Anfahrt** A1, Ausfahrt Dramlje/Šentjur, der Beschilderung an der Regionalstraße 107 etwa 30 Kilometer folgen, im Kurpark von Rogaška Slatina, zwischen Grand Hotel und dem Pavillon »Afrodita Beauty Center« | **Öffnungszeiten** jederzeit zugänglich | **Tipp** Das Dach des modernen Parkhauses in der Kidričeva ulica ist wunderbar grün. Mit ein wenig Glück hat man die Parkbänke hier oben für sich allein, dazu einen schönen »Rooftop-Blick« auf die umliegenden Hügel und Häuser.

88 Der Aussichtsturm

Höher kommt man ohne Lift nicht hinauf

Nur ganz kurz blitzt er auf, der Gedanke, ob man da wirklich hinaufmuss. Fällt der Blick von unten auf das Stahlgerippe des Aussichtsturms bei Roginska Gorca, sieht man erst mal nur Treppen. Endlos viele. Alle Stufen scheinen geradewegs in den Himmel zu führen, zumindest im Kopfkino. Ganz so weit hinauf reichen die Stiegen dann aber doch nicht. 36 Meter sind es bis zur Panorama-Plattform, bis zur Turmspitze kommen noch mal vier Meter dazu.

Die innere Stimme versucht, mit Vergleichszahlen zu beruhigen: »Der Kölner Dom ist viermal so hoch!« Kneifen gilt nicht. Nun ist man schon mal hergekommen und vom Parkplatz gut zehn Minuten auf eine Kuppe des 621 Meter hohen Berges Rudnica geklettert – der nach den Stollen benannt ist, die es hier mal gab –, jetzt muss man da auch rauf. Wenigstens, um mitreden zu können. Das 2019 fertiggestellte Bauwerk gehört nämlich zu den neuesten der im ganzen Land so populär gewordenen Aussichtstürme. Finanziert wurde das 200.000-Euro-Projekt aus der örtlichen Kurtaxe.

Derzeit ist er noch der höchste von 17 Aussichtstürmen in Slowenien, auf die man nur mit eigener Wadenkraft hinaufkommt. Höher ist nur der Aussichtsturm »Vinarium« bei Lendava, ein futuristisches Glas-Stahl-Konstrukt im Weinberg, das 53,30 Meter misst, jedoch einen Lift hat.

Schritt für Schritt geht es in Roginska Gorca hinauf. Jede Plattform zeigt die aktuelle Turm- und Meereshöhe an. Das Konstrukt wankt ein wenig. Oder ist das nur Einbildung? Eine Familie mit Kindern klettert leichtfüßig nach unten. Von Meter zu Meter wird der Ausblick besser, und das flaue Gefühl ist plötzlich wie weggeblasen. Halb Slowenien, aber auch das benachbarte Kroatien liegen einem zu Füßen! Spätestens ganz oben wird klar, woher der Beiname »Turm der Gesundheit und Freude« kommt, und nicht nur die Anstrengung, sondern auch das wunderbare Panorama lässt das Herz ganz schön pochen.

Adresse Stolp zdravja in veselja na Rudnici, Berg Rudnica nahe der Siedlung Roginska Gorca, 3253 Podčetrtek | Anfahrt im Kreisverkehr von Podčetrtek Ausfahrt Center nehmen, am nächsten Kreisverkehr ebenfalls Richtung Center, an der Kirche vorbei, den Hügel hinauf, immer links halten, Wegweiser zum Turm »Stolp«, beim Schotterparkplatz nahe der »Pony Ranch« parken, von dort 10 Minuten zu Fuß bergauf; Alternative: einstündiger markierter Wanderweg ab Nähe des Klosters Olimje / Schokoladenmanufaktur | Öffnungszeiten jederzeit zugänglich | Tipp Der alte Name »Atomske toplice«, der vom schwach radioaktiven Thermalwasser herrührt, wurde vor ein paar Jahren durch das werbewirksamere »Terme Olimje« ersetzt. Nur wer mit dem Regionalzug aus Celje anreist, steigt noch in »Atomske toplice hotel« aus, sogar das Retro-Schild ist noch da!

89 Das Kirchen-Trio

Eine Glocke muss für alle reichen

Slowenien ist ein mehrheitlich katholisches Land. Überall trifft man auf Kirchen und Kapellen – fast 3.000 soll es geben –, aber auch auf unzählige Marterl am Wegrand. Dass sich jedoch drei Gotteshäuser auf ein und demselben Friedhof nebeneinanderdrängen, ist selbst in Slowenien höchst ungewöhnlich. Das Kirchen-Trio thront im Dörfchen Rosalnice, etwa zwei Kilometer westlich von Metlika. »Tri fare« wird der Wallfahrtsort genannt, eine Entlehnung des deutschen Wortgefüges »drei Pfarreien«.

Eine dicke Mauer umgürtet die drei Gotteshäuser. Sie ist auffällig hoch, erinnert fast an eine Wehrmauer und stammt noch aus Zeiten, in denen es galt, die von Osten vordringenden Osmanen fernzuhalten. Innerhalb des Mauergürtels haben die Dorfbewohner ihre letzte Ruhe in blumengeschmückten Gräbern gefunden. Ihre Wände teilen die Kirchen zwar nicht miteinander, dafür gibt es nur einen Turm und eine Glocke für alle.

Wieso das Kirchen-Trio ausgerechnet hier steht, ist nicht ganz geklärt. Vermutlich haben die Tempelritter bereits im 12. Jahrhundert eine Kirche an dieser Stelle errichtet. Die drei Kirchen, wie man sie heute kennt, wurden im 14. und 15. Jahrhundert erbaut. Was sie verbindet, sind gotische Züge, allerdings kamen im 19. Jahrhundert Ornamente im Stil des Spätbarock und Rokoko im Inneren hinzu.

Die nördliche Kirche ist der Traurigen Muttergottes geweiht, mit Fresken geschmückt und besticht mit zwei Seitenaltären im Rokokostil. Bemerkenswert ist ihre Orgel von 1753. Die mittlere Kirche hat als einzige eine Glocke. Ungewöhnlich ist ihr achteckiger Grundriss, die Marienstatue auf dem Altar wird von Pilgern auf Knien umrundet. Die südliche Kirche verfügt über ein angebautes Presbyterium und einen pseudogotischen Altar mit der Muttergottes von Lourdes, der die Kirche geweiht ist und die vor allem an Wallfahrtstagen von Gläubigen verehrt wird.

Adresse Romarsko središče »Tri fare«, OT Rosalnice, 8330 Metlika | **Anfahrt** A 2, Ausfahrt Novo Mesto-vzhod, der Beschilderung bis Metlika auf der Regionalstraße 105 folgen, ab Metlika auf die Cankarjeva cesta, 2 Kilometer Richtung Nordosten | **Öffnungszeiten** Besichtigung nach Vereinbarung unter Tel. +386/(0)7/3058331; Friedhof tagsüber zugänglich | **Tipp** In der Burg von Metlika hütet ein Feuerwehrmuseum nostalgische Helme, Pumpen und Leitern, vieles davon noch aus der K.-u.-k.-Zeit. In Metlika, das damals zum Kronland Krain gehörte, wurde 1869 die erste freiwillige Feuerwehr auf slowenischem Boden gegründet.

90 Der jüdische Friedhof

Passkontrolle auf dem Weg zur Synagoge

Mit der »ewigen Ruhe« ist es in Rožna Dolina / Valdirose, dem alten Rosenthal, so eine Sache. Auf dem dortigen jüdischen Friedhof wollte sie sich lange nicht einstellen. Ein modernes Tor mit Davidstern führt hinein, Gras überwuchert die Wege. Inschriften auf Italienisch, Deutsch und Hebräisch erinnern an die Toten. Mehr als 900 Grabsteine machen den jüdischen Friedhof zu einem der größten im Alpen-Adria-Raum.

Eine Synagoge gibt es auch. Sie befindet sich knapp zwei Kilometer entfernt – und in einem anderen Land. Mit den Verträgen von Paris 1947 kamen das frühere jüdische Getto mitsamt Synagoge zu Gorizia in Italien. Der Friedhof wurde hingegen Jugoslawien zugesprochen und liegt seither an der Staatsgrenze (siehe Ort 64).

Die jüdische Gemeinde von Gorizia war im Zweiten Weltkrieg fast ausgelöscht worden. Die wenigen Überlebenden wanderten nach Amerika oder Israel aus, einige zogen nach Triest, wo es einen Rabbiner gab. Bis heute betreut der Rabbiner von Triest alle jüdischen Gemeinden in Slowenien mit, die insgesamt nur gut 130 Mitglieder haben.

1977 übertrug die kleine jüdische Gemeinde den Friedhof der Stadtverwaltung von Nova Gorica, die sich um die Instandhaltung kümmern sollte. Es kam jedoch anders: Die Zeremonienhalle wurde in den 1980er Jahren als Café genutzt, später als Casino. Eine Überschwemmung setzte dem Friedhof schwer zu. Als sich Slowenien 1991 von Belgrad lossagte, rollten die Panzer der Jugoslawischen Volksarmee an und blockierten die Grenzen. Dabei soll es auch auf dem Friedhof zu Kampfhandlungen gekommen sein.

Das neue Jahrtausend brachte mit EU-Beitritt und Schengenraum Entspannung. Für den Weg vom Friedhof zur Synagoge brauchen die Anwohner kein Personaldokument mehr. Mit Hilfe der US-Botschaft in Slowenien und der jüdischen Gemeinde Gorizia wurde der Friedhof 2008 saniert, nun soll die Zeremonienhalle ein Ort der Begegnung werden.

Adresse Židovsko pokopališče, Vipavska cesta (nahe Nr. 16a), Ortsteil Rožna dolina / Valdirose, 5000 Nova Gorica | **Anfahrt** von Nova Gorica ab Vojkova cesta (geht in Vipavska cesta über) der Beschilderung nach Rožna dolina / Valdirose folgen, Friedhofseingang unter der Brücke | **Öffnungszeiten** tagsüber jederzeit zugänglich | **Tipp** Wenn man schon mal im »Rosenthal« ist, muss man sich die herrlich duftenden Bourbon-Rosen anschauen. 70 verschiedene Arten blühen im Mai und Juni im Garten des ehemaligen Klosters Kostanjevica.

91 Die First-Lady-Torte

Auf den Spuren der ehemaligen First Lady

Als Donald Trump US-Präsident wurde, rückte das ostslowenische Städtchen Sevnica in die Schlagzeilen. Immer wieder kamen Touristen, viele aus den USA, um sich den Ort anzuschauen, in dem seine Gattin Melania aufgewachsen ist. Die örtliche Touristeninformation verkauft seither Schokolade, Tee und Rotwein mit dem goldenen Label »First Lady«. Schräg gegenüber stößt man auf den »blok«. In diesem Wohnklotz mit sechs Etagen, Balkonen, grünem Innenhof und Spielplatz verbrachte Melanija Knavs, wie sie damals noch hieß, ihre Kindheit.

Nimmt man den Trg svobode in die andere Richtung, kommt man zur Grundschule mit einer makellosen Sprintbahn im Innenhof. Slowenische Journalisten wollen herausgefunden haben, dass die berühmteste Schülerin ihrerzeit gern blaue Pullover gestrickt habe. Die Konditorei neben der Schule verkauft Apple Pie mit dem Namen »Prva dama«, übersetzt »First Lady«: kleine Apfelkuchen mit einem Puderzucker-M und einer US-Flagge verziert.

Unterhalb der Schule fällt das moderne Hotel Ajdovec mit seinem Café Julija an der Hauptstraße auf. Gerade wandern vier Stücke »Melanija« über die Kuchenvitrine, nur eines bleibt noch übrig. Glück gehabt, denn die Sorte ist sehr beliebt. Eine Buttercremetorte mit Nüssen und einem weißen Schokosegel mit Goldglimmer, der an Engelsflügel erinnert – ziemlich elegant.

Um die Welt gingen übrigens die Fotos einer Holzstatue von Melania Trump. Grobschlächtig mit der Kettensäge geformt, hatte der US-Künstler Brad Downey die Idee dazu gehabt. Vor Ort ließ er sie vom Künstler Aleš »Maxi« Županc umsetzen. So thronte die Figur im himmelblauen Kleid gut ein Jahr auf einem Feld bei Rožno, östlich von Sevnica. Doch im Sommer 2020 ging die Statue in Flammen auf, Brandstiftung. Zwei Monate später, kurz vor den (verlorenen) US-Wahlen, stellte das Künstlerteam Downey-Županc trotzig eine neue Figur aufs Feld, diesmal aus Bronze und unkaputtbar.

Adresse Café Julija im Hotel Ajdovec, Trg svobode 1, 8290 Sevnica, www.hotel-ajdovec.com | Anfahrt A 2, Ausfahrt 23 Trebnje-zahod, der Beschilderung knapp 40 Kilometer bis Sevnica-Zentrum folgen | Öffnungszeiten Café: Mo – Fr 6 – 19 Uhr, Sa 7 – 17 Uhr, So 8 – 18 Uhr | Tipp Im Park von Schloss Sevnica, das hoch über dem Städtchen thront, kann man seinen persönlichen Akku an markierten Energiepunkten unter mächtigen Bäumen wieder aufladen.

92 Die Rollfähre

Hier schwimmt man über die Grenze

Der vermutlich charmanteste Grenzübergang zwischen Slowenien und Österreich führt übers Wasser. Gemütlich pendelt eine Rollfähre bei Slatki Vrh auf die andere Seite der Mur nach Weitersfeld. Ist sie gerade nicht im Einsatz, versperrt eine rot-weiße Schranke den Zutritt – wie bei einem »echten« Grenzübergang auf dem Festland. Ist hingegen Fährzeit, wechseln Radfahrer und Spaziergänger munter die Seiten, unter anderem um im Büffet Brod am Murufer leckere Cevapcici zu ordern. Seit einigen Jahren feiert man auch gemeinsam und drängt sich im Namen der österreichisch-slowenischen Völkerfreundschaft zu Kapellenmusik gemütlich auf Bierbänken.

Die Rollfähre besteht eigentlich aus zwei flachen Booten, die von einer Plattform zusammengehalten werden. Ein Drahtseil ist mit einem Querseil am Ufer verbunden, will man die Fähre fortbewegen, muss die Strömung genutzt werden. Die Verbindung hat eine lange Tradition. Schon 1872, zu Zeiten der Donaumonarchie, brachten Grundstückseigentümer ihre Ernte, Holz oder Weidetiere ans andere Ufer der Mur. Erlaubt waren »30 Personen, 7 Stück Vieh oder landwirtschaftliches Fuhrwerk«, so die Verordnung.

Ab 1953 war die Konzession in slowenischer Hand, nur Einwohner der Grenzbezirke durften die Mur hier überqueren. Im unabhängigen Slowenien wurde der Grenzübergang 1992 wieder geöffnet. Mit dem EU-Beitritt Sloweniens und der Zugehörigkeit zum Schengenraum ist vieles einfacher geworden. Reisefreiheit hin oder her: Autos und Traktoren dürfen nur mit, wenn es der Wasserstand zulässt, warnt eine Hinweistafel am Ufer.

Die Mur ist Lebensraum für mehr als 50 Fischarten, über 100 Vogelgattungen wurden hier gezählt, darunter der Schwarzstorch und der Weißstorch. Buntfrösche, Medizinische Blutegel, Ringelnattern oder selten gewordene Libellenarten wie der Auenüberflieger leben hier – grenzüberschreitend.

Adresse Splav čez Muro / Murfähre, Sladki Vrh / Weitersfeld, 2214 Šentilj v Slovenskih goricah | **Anfahrt** von der österreichischen Grenze Spielfeld / Šentilj kommend in Šentilj nach 500 Metern links in Richtung Selnica ob Muri und Sladki Vrh, der Regionalstraße 438 etwa 12 Kilometer bis zur Murfähre folgen | **Öffnungszeiten** 15. März – 15. April und 16. Okt. – 15. Nov. täglich 8 – 18 Uhr, 16. April – 31. Mai und 16. Aug. – 15. Okt. täglich 8 – 20 Uhr, 1. Juni – 15. Aug. täglich 8 – 21 Uhr, 16. Nov. – 14. März nicht in Betrieb | **Tipp** Von der Fähre führt ein gepflegter Spazierweg entlang der Mur in einer Viertelstunde zum größten slowenischen Hygienepapier-Hersteller Paloma. Wer im sozialistischen Jugoslawien groß geworden ist, erinnert sich sicher noch an das omnipräsente Einzelblatt-Toilettenpapier der früheren Handelsmarke »Golub« (Taube).

93 Die Leuchtschrift

Eine Reise zum Mittelpunkt der Welt

Wo befindet sich eigentlich der Mittelpunkt der Welt? Am Äquator? Im Erdkern? Ist damit eine Metropole mit Wolkenkratzern, U-Bahnen und Einkaufstempeln gemeint? Oder einfach nur das eigene Nest? Hand aufs Herz: Sosehr man darüber nachgrübelt, es gibt Orte, auf die würde man vermutlich nicht kommen. Dazu gehört Slovenj Gradec, das alte Windischgrätz, mit hübscher, ruhiger Altstadt. Sogar die Eisenbahn macht einen Bogen um die Stadt, doch genau hier befindet sich der »Mittelpunkt der Welt«.

Wer daran zweifelt, muss ins Stadtzentrum. An der Fassade des alten Rathauses, in dem heute die Galerie der Schönen Künste (KGLU) untergebracht ist, steht es in Leuchtschrift geschrieben. So kann man es auch bei Dunkelheit gar nicht übersehen: »Središče sveta«, auf Deutsch »der Mittelpunkt der Welt«.

Wie es dazu kam? Die kroatische Künstlergruppe Fokus grupa hatte 2016 die Idee, Slovenj Gradec mit dieser Installation kurzerhand zum »Mittelpunkt der Welt« zu machen. Ihre Inspiration schöpften die Künstler aus einem Zeitungsartikel von 1966. Der Text handelte von einer Ausstellungseröffnung, bei der es um »Frieden, Menschlichkeit und Völkerfreundschaft« sowie die Idee der Vereinten Nationen ging. Der Journalist schrieb dazu: »Morgen wird Slovenj Gradec der Mittelpunkt der Welt sein …« In dem Artikel beschrieb er eine Welt, in der man um Frieden, Menschlichkeit und echte Freundschaft kämpfen müsse. Inspiriert von diesem Artikel gestaltete die Künstlergruppe die Leuchtschrift.

Aber Slovenj Gradec ist globaler, als man vermuten könnte. Die Stadt gehört zu einem Netzwerk von über 100 Städten weltweit, das mit Unterstützung der UNO 1989 gegründet wurde, und erhielt den Ehrentitel »Stadt des Friedens«. Der Städtebund tritt für Frieden und Völkerverständigung ein – auch in Slovenj Gradec engagieren sich die dortigen Bürgermeister seit Jahren an der Spitze der internationalen Städtegemeinschaft.

Adresse Koroška galerija likovnih umetnosti (KGLU), Glavni trg 24, 2380 Slovenj Gradec, www.glu-sg.si | Anfahrt A 1, Ausfahrt Slovenj Gradec, via Velenje etwa 40 Kilometer, der Beschilderung ins Stadtzentrum folgen, Parkplätze an der Hauptachse Glavni trg | Öffnungszeiten Di – Fr 9 – 18 Uhr, Sa, So 10 – 13 und 14 – 17 Uhr | Tipp Schlendert man den Glavni trg entlang bis zur Hausnummer 40, steht man vor dem Geburtshaus des berühmten Komponisten Hugo Wolf, der 1860 hier zur Welt kam.

94__Der Wegweiser

Keine ist mehr als 100 Kilometer entfernt

In Slovenske Konjice scheint kein Ort weiter als 100 Kilometer entfernt zu sein. Diesen Eindruck bekommt man zumindest, wenn man im Stadtzentrum direkt unterhalb des Kirchbergs steht. Dort zeigt ein hölzerner Wegweiser die Entfernung zu mehreren größeren Städten in der Region an: 100 Kilometer sind es nach Lendava, der östlichsten Gemeinde Sloweniens an der ungarischen Grenze. 100 Kilometer sind es aber auch bis ins österreichische Graz, ebenso in die kroatische Hauptstadt Zagreb. Und nun raten Sie mal, wie weit Ljubljana entfernt ist? Genau! Damit liegen all diese wunderbaren Städte genau 100 Kilometer von Slovenske Konjice entfernt.

Ist das ein Zufall? Nicht wirklich, denn bei der Berechnung wurde mathematisch ein wenig nachjustiert. Mal wurden zwei, drei Kilometer hinzugefügt, mal wurde abgerundet, sodass am Schluss immer genau die Kilometerangabe 100 herauskam. Die Berechnungen wurden vor einigen Jahren auf einem hübschen, fotogenen Holzschild festgehalten, das man sich anschauen sollte.

Überhaupt scheint die Zahl 100 eng mit Slovenske Konjice verbunden zu sein: Knapp 100 Quadratkilometer nimmt die ganze Fläche der Gemeinde ein – ungefähr zumindest. Da passt der Frankfurter Flughafen 4,5 Mal komplett rein.

Für Pferdefans hält die Stadt noch ein wunderbares Detail bereit. Nicht nur im Wappen, sondern auch im Ort empfangen vier Pferdeköpfe als Brückenpfeiler sowie ein Pferdedenkmal die Besucher. Mit den Huftieren hat man aber nicht direkt was am Hut. 1146 wurde die Stadt, die früher eine deutsche Sprachinsel war, als Counowiz erstmals erwähnt. Im Lauf der Zeit wurde das slawische Wort Konjice daraus, von »konj« (Pferd) abgeleitet. Den Zusatz »Slovenske« bekam man, um sich von der bosnischen Stadt Konjić zu unterscheiden, die ist nun aber über 100 Kilometer entfernt, sonst hätte man sie sicher mit auf den Wegweiser gepackt.

Adresse Stari trg 38, 3210 Slovenske Konjice | **Anfahrt** A 1, Ausfahrt Slovenske Konjice, Regionalstraße 430 etwa 5 Kilometer bis ins Zentrum fahren, am Ende der Fußgängerzone Stari trg, unterhalb des Kirchbergs Sv. Juraj | **Öffnungszeiten** jederzeit zugänglich | **Tipp** Bis zum Črno jezero, dem Schwarzen See, sind es 14 Kilometer. Organische Abfälle sorgen dort für eine schwarze Bodenschicht, obwohl das Wasser glasklar ist.

95 Das Kartoffeldenkmal

Einmal im Jahr sind Erdäpfel ein Hauptgericht

Außen kross, innen weich, mit einer aromatischen Butternote: So kommen die perfekten Bratkartoffeln auf den Tisch. Meist müssen sie sich den Teller in Slowenien wie anderswo auch allerdings mit einem Stück Fleisch teilen. Dabei haben sie mehr verdient! Das dachten sich ein paar Kartoffel-Liebhaber, als sie 2001 einen Club gründeten. Der »Verein zur Förderung der Bratkartoffel als eigenständiges Gericht« hat sich der Aufgabe verschrieben, der Bratkartoffel zu mehr Ansehen zu verhelfen. Mitglied kann jeder werden, der sich zu einer einzigen Bedingung verpflichtet: Einmal im Jahr müssen Bratkartoffeln in einem Restaurant bestellt werden, allerdings nicht als Beilage, sondern als »richtige« Mahlzeit und Hauptgericht.

Jedes Jahr im September veranstaltet der Verein das »Weltfestival der Bratkartoffel«. Dann reisen sogar Fans aus Deutschland oder England an, meist mit ein paar leckeren heimischen Kartoffeln im Gepäck. Beim Fest wird die Knolle nicht nur gebraten, sondern auch gestampft, gedünstet oder frittiert – auf 99 verschiedene Arten.

Die Liebe zur tollen Knolle ist in Slowenien so groß, dass in Šenčur sogar ein »Denkmal für die Kartoffel« – für die man in Slowenien übrigens 132 Ausdrücke kennt – aufgestellt wurde. Es stammt vom Bildhauer Janez Pirnat und bildet Maria Theresia ab, die den Kartoffelanbau ab 1767 in der Region förderte und so die Bewohner vor der Hungersnot bewahrte. Der Standort im Zentrum von Šenčur wurde gewählt, da in der Gemeinde viele große Kartoffelbauern ansässig sind.

Heute vertilgt jeder Slowene übrigens 64 Kilogramm im Jahr. Der hohe Stellenwert der Kartoffel zeigt sich auch in einem Sprichwort. Statt »Schwein gehabt« hat man eben »Kartoffel gehabt«. Das klingt dann so: »Ti imaš pa res krompir«. Apropos Schwein: Die Bratkartoffel passt gut zur Krainer Wurst – natürlich außer einmal im Jahr, wenn sie solo auf den Tisch kommt!

Adresse Spomenik krompirju, Kranjska cesta 1, 4208 Šenčur | Anfahrt A 2, Ausfahrt 9 Kranj-zahod, in Richtung Šenčur, direkt am zentralen Kreisverkehr zwischen Kranjska cesta und Pipanova cesta (gegenüber Supermarkt Mercator) | Öffnungszeiten jederzeit zugänglich; Termine zum Festival der Bratkartoffel unter www.prazen.krompir.si | Tipp Bratkartoffeln stehen auch in der Gostilna Ančka auf der Speisekarte, die ansonsten für ihre herzhaft oder süß gefüllten Strudel (Štrukelj) bekannt ist (Delavniška cesta 18, www.ancka.si).

96 Der Kalvarienberg

Hier trifft man Barockengel auf Augenhöhe

Das Kolosseum in Rom und der Tadsch Mahal in Indien haben eines gemeinsam: Sie gehören zu den »neuen« sieben Weltwundern. Auch Slowenien hat seine »sieben Wunder« gekürt. Eines davon ist der Kalvarienberg (Kalvarija) in Šmarje pri Jelšah, ein steiler grüner Hügel mit 14 Kapellen, die mit Dachtürmchen, Steinmetzportalen, Schmiedetoren und Fresken verziert sind. Der gut 500 Meter lange Zickzackweg führt an den einzelnen Stationen vorbei zur Barockkirche auf der Hügelkuppe, die dem Pestheiligen, dem heiligen Rochus (Sveti Rok), geweiht ist. Überlebende des »Schwarzen Todes« spendeten für den Bau der Kirche.

Weniger bekannt sind die Skulpturen. Die 43 Holzstatuen befinden sich nicht mehr an ihren ursprünglichen Plätzen in den Kapellen, sondern man kann sie im modernen Barockmuseum zu Füßen des Kalvarienbergs bewundern. Das Besondere daran ist die moderne und ungewöhnliche Art der Präsentation. Der Besucher hat die Gelegenheit, sie aus allen Blickwinkeln zu betrachten, kommt unmittelbar an sie heran, darf ihre Fingerspitzen oder Arme – freilich nur ganz vorsichtig – berühren.

Die Statuen sind nicht streng nach Reihenfolge der Kapellen geordnet, sondern wurden aus dem Kontext herausgenommen, um sie besser erlebbar zu machen. Dafür wurden sie bewusst nicht in eine Ecke gestellt, vielmehr nehmen sie den ganzen Raum ein, sodass eine direkte Begegnung mit diesen wertvollen alten Heiligenfiguren, ohne Sockel, Vitrine oder Absperrband, möglich ist.

Federführend bei der Präsentation oder besser Installation war die Künstlerin Meta Hočevar (Jahrgang 1942), eine preisgekrönte Begründerin der zeitgenössischen slowenischen Theaterszenografie. Das Museumsgebäude erwarb die Gemeinde von der Kirche, Mittel für das Projekt gab es von der Europäischen Union. Bevor man sie modern in Szene setzte, waren die 260 Jahre alten Skulpturen intensiv zum Schutz gegen Pilze und Insekten behandelt worden.

Adresse Muzej Baroka, Cesta na Sveti Rok 1, 3240 Šmarje pri Jelšah, www.muzejbaroka.si | Anfahrt A 1, Ausfahrt Dramlje / Šentjur, der Regionalstraße 107 etwa 17 Kilometer folgen, direkt in der Ortsmitte | Öffnungszeiten Di – Fr 9 – 16 Uhr, Sa 9 – 13 und 16 – 19 Uhr, So 9 – 12 Uhr | Tipp Wer mit Kindern unterwegs ist, sollte am Slivniško jezero einen Stopp einlegen. Auf Europaletten chillt man hier im Café Ramna mit Blick auf den Spielplatz, viel Grün und den See, guckt Enten zu oder schlemmt Cremeschnitten und Eis (täglich 7 – 23 Uhr).

97_Das Arbeiterheim

Die Wiege der provokativen Avantgarde-Musik

Ein Bühnenauftritt der Musikband »Laibach« verläuft oftmals so: Provokativ marschieren die Bandmitglieder in schweren Schnürstiefeln auf der Bühne, dann zerlegen sie monumentale Hymnen und mischen Komponisten wie Johann Sebastian Bach mit Industrial Pop. Die Band gilt seit über 40 Jahren als Sloweniens musikalischer Exportschlager und als die international bekannteste Musikgruppe der Republik. Benannt ist sie nach dem deutschen Namen für Ljubljana.

Als sich »Laibach« 1980 im Bergarbeiterstädtchen Trbovlje gründete, war Staatschef Tito gerade gestorben. Auf provokante Weise warb man für das erste Konzert, das im Kulturzentrum Delavski dom Trbovlje (DDT), wörtlich »Arbeiterheim«, stattfand. Schon die Plakate mit dem russischen schwarzen Avantgarde-Kreuz sorgten im sozialistischen Jugoslawien für einen Skandal. Später wurden die Auftritte der Musikband verboten, da man beispielsweise in Zagreb 1983 einen Phallus über Marschall Titos Konterfei projizieren ließ.

»Laibach« schloss sich dem Kunstkollektiv »Neue Slowenische Kunst« (NSK) an, das auch auf Slowenisch die deutsche Bezeichnung trägt. Das künstlerische Schaffen wurde stets unter dem Deckmantel des Kollektivismus betrachtet, bei dem Kunst und totalitäre Motive zu einem völlig neuen Subjekt verschmelzen. 2015 trat »Laibach« – als erste ausländische Band in Nordkorea – in Pjöngjang auf, freilich nur vor handverlesenen Gästen.

Das Kulturzentrum DDT gibt es heute noch, inzwischen finden dort Kino, Theater, Musik, Puppenspiel, Ausstellungen und Multimedia-Projekte statt. Die graue Fassade schmücken sozialistische Mosaike mit Bergarbeitern und Musikern, für die die Bildhauerin Marija Pregel 1958 mit dem Prešeren-Preis ausgezeichnet wurde, der höchsten staatlichen Anerkennung für kulturelle Leistungen. Auch »Laibach« ist immer noch da, alle zwei Jahre finden öffentliche Proben statt – für die größten Fans.

Adresse Delavski dom Trbovlje (DDT), Trg svobode 11a, 1420 Trbovlje, www.dd-trbovlje.si | **Anfahrt** A 1, Ausfahrt Trojane / Zagorje, der Beschilderung nach Trbovlje rund 22 Kilometer bis zur Ortsmitte folgen | **Öffnungszeiten** nur bei Veranstaltungen | **Tipp** Der 362 Meter hohe Industrieschornstein des Steinkohlekraftwerks von Trbovlje gilt als höchster seiner Art in Europa und war schon das Ziel von Kletterpartien. Er wurde so hoch gebaut, um untere Luftschichten nicht zu verschmutzen, im engen Savinja-Tal ist er eine Art Wahrzeichen.

98 Die Krapfen-Hochburg

Aber bitte mit Marmelade!

Das Jumbo-Plakat an der Autobahn zwischen Ljubljana und Maribor ist nicht zu übersehen. Ein mächtiger Krapfen, regional auch Berliner oder Pfannkuchen genannt, wird darauf vom Schriftzug »Trojane« überzogen. Mehr braucht es nicht, denn das Dörfchen ist längst schon zum Synonym für »krofi« geworden. Im Gasthaus GP Trojane soll es die besten geben. Ein Selbsttest.

Der Blinker flackert auf, von der Autobahn bis zum Parkplatz ist es ein Katzensprung. Dort wird eifrig rangiert, Kuchenschachteln werden in Autos verstaut, und ein Schild weist auf einen kleinen Verkaufsraum, wo es die »krofi« zum Mitnehmen gibt. Im Restaurant nebenan kreuzen sich die Wege von drei, vier Kellnern. Die Bestellung ist klassisch: »Vier Stück bitte, für die ganze Familie!« Prompt wird das Gebäck serviert: Krapfen, fast so groß wie Unterteller. Leuchtende Kinderaugen, während die Großen ihre Einwände (»Die sind ja größer als gedacht!«) unausgesprochen beiseiteschieben. Dazu duftet das Gebäck mit seiner Puderzucker-Haube einfach zu verlockend. Und dann der erste Biss: wunderbar fluffig, noch leicht warm und so köstlich, dass alle Bedenken (»So viele Kalorien!«) blitzschnell verpuffen. 200 Gramm wiegt der Klassiker mit Aprikosenmarmelade, den es auch mit Schokolade oder Vanille gibt.

Neue Gäste kommen, andere gehen. Alles wirkt wie auf einem geschäftigen Rastplatz. Das war Trojane schon in der K.-u.-k.-Monarchie. An der Trasse von Wien nach Triest gelegen, gab es hier Fuhrmannheime mit Gasthaus, Betten und Pferdestall. Dass auch das Anwesen der Familie Konšek solch eines war, daran erinnert der alte Stein über dem Eingang, in den das Jahr 1849 eingemeißelt ist.

Seit man hier 1961 mit dem »Krapfen-Business« angefangen hat, wurden mehr als 100 Millionen Stück gebacken. In der Faschingswoche wird sogar rund um die Uhr in drei Schichten gearbeitet – und dann werden schon mal 200.000 Stück verkauft!

Adresse Gostinsko podjetje (GP) Trojane, Trojane 11, 1222 Lukovica, www.gp-trojane.si | **Anfahrt** A 1, Ausfahrt Trojane / Zagorje, 3. Ausfahrt im Kreisverkehr nehmen, der Straße 800 Meter folgen | **Öffnungszeiten** Restaurant: täglich 7–21 Uhr; zum Mitnehmen: Mo–Sa 5.30–21 Uhr, So 6–21 Uhr | **Tipp** Im Dörfchen Učak in der Nähe von Trojane erinnert seit 2009 ein Obelisk daran, dass Napoleons Truppen in der Zeit der »Illyrischen Provinzen« vor 200 Jahren hier fünf Offiziere töteten.

99 Der Weltrekord-Tito

Wo der Marschall noch fest auf seinem Sockel steht

Mit strengem Blick, vollem Haar und wadenlangem Mantel wacht er über den weitläufigen Titov trg, den Hauptplatz von Velenje: Josip Broz, genannt Tito, jugoslawischer Staatspräsident auf Lebenszeit. Stolze zehn Meter ist er hoch. Zieht man den Sockel ab, bleiben noch sechs. Damit gilt die Bronzeskulptur, die 1977 mit 20.000 Gästen und viel Pomp eingeweiht wurde, als das weltgrößte Tito-Denkmal.

Die von Antun Augustinčić entworfene Skulptur ist jedoch kein Unikat. In derselben Pose trifft man den Partisanenmarschall heute noch in seinem kroatischen Geburtsort Kumrovec sowie in der bosnisch-herzegowinischen Hauptstadt Sarajevo. Als Jugoslawien 1991 blutig zerbrach, verschwanden die meisten Tito-Denkmäler und Amtsstuben-Porträts in der Mottenkiste der Vergangenheit. Im Stadtmuseum von Velenje wurden zahlreiche Tito-Büsten abgegeben, die bis heute zum Fundus gehören. Schließlich trug die Stadt Tito im Namen, als sie noch »Titovo Velenje« hieß.

Tito traf für »seine« Stadt eine strategische Entscheidung: Er baute die Kohleförderung, die es schon vorher gab, massiv aus. Rund um den Tito-Platz wuchs eine sozialistische Modellstadt mit würfelförmigen Häuserblöcken, Geschäften und einem Kulturzentrum. Velenje, das 1959 als jüngste Stadt Sloweniens eingeweiht wurde, bot Arbeitern aus allen Landesteilen Jugoslawiens Arbeit und moderne Wohnungen. Es herrschte Aufbruchstimmung, erinnern sich Zeitzeugen.

Heute spaltet Tito die Stadt. Die einen wollen den umstrittenen Marschall, der seine Gegner nach dem Zweiten Weltkrieg nicht gerade zimperlich aus dem Weg räumen ließ, vom Sockel stoßen. Für die anderen symbolisiert Tito hingegen eine Zeit des Wohlstands, mit Arbeit, Wohnraum und Strandurlaub, den sich damals noch jeder leisten konnte. Bis man sich eines Tages einigen wird, lotsen Gästeführer Besucher durch die »Stadt des Modernismus«, manchmal sogar in Pionier-Uniform.

Adresse Titov trg, 3320 Velenje | Anfahrt Regionalstraße 4, der Beschilderung »Velenje-center« folgen | Öffnungszeiten jederzeit zugänglich | Tipp Ehemalige Bergarbeiter führen durch den stillgelegten Braunkohlestollen von Velenje (Muzej premogovništva Slovenije). Nach einer Führung gibt es eine zünftige Brotzeit im am tiefsten gelegenen Speisesaal der Welt, 160 Meter unter der Erde (www.muzej.rlv.si, Di–Sa 9–16.30 Uhr).

100 Die Riesenschaukel

Eine Kabine ist nicht nur zum Seilbahnfahren da

Wie blaue Streichholzschachteln an einer Wäscheleine surren die Kabinen der Seilbahn auf die Hochalm Velika planina hinauf. Im Frühjahr blühen hier spektakuläre lila Krokusteppiche, ab Juni begrüßen gut 400 Kühe auf der Weide freundlich die Wanderer. Es geht zu hölzernen Hirtenhütten, in denen man entweder übernachten oder zumindest ein Glas Sauermilch probieren kann, wie in der Peskar-Hütte bei einem Schäfer. Die Sommerweide ist eine der letzten Hirtensiedlungen in Europa, und alles wirkt ganz wunderbar idyllisch.

Da passt die Idee der »Dunking Devils« gar nicht so recht ins Bild. Die weltberühmten slowenischen Jungs mit ihren Akrobatik-Stunts fassten nämlich den Plan, die 1964 errichtete Seilbahn in die »verrückteste Schaukel der Welt« zu verwandeln. Allein der Gedanke daran lässt das Blut in den Adern gefrieren: Vom höchsten Punkt der Seilbahn sollte es losgehen, 300 Meter im freien Fall hinab, dann würde man an einem Seil aus der Kabine baumeln, hoch über dem Berg – und dort frei schaukeln. Oha!

Mit Action-Cam und dicken Seilen und Haken ausgestattet, machen sich die Jungs im Herbst 2018 in der Seilbahn auf den Weg. Die Kamera läuft, und los geht's! Der erste von ihnen springt aus der Kabine, zwar gesichert, aber dennoch ins Nichts. Nach fünf gefühlt endlosen Sekunden zieht sich das Seil endlich zusammen. Dann schwingt ein »Dunking Devil« in der Luft und wirkt wie ein Pendel, das an der Kabine festgemacht wurde. Zum Nachschauen, aber nicht Nachmachen. Das Video gibt es noch im Internet.

Die Seilbahn wartet mit noch einem Rekord auf: Sie ist Europas längste Pendelbahn, die ohne Stützpfeiler auskommt. In nur fünf Minuten überwindet sie 1,67 Kilometer und 857 Höhenmeter. Und mal ehrlich: Wenn man seine Freizeit nicht gerade mit Akrobatik-Stunts verbringt, sorgt die »normale« Fahrt hinauf schon für ein wohliges Kribbeln – auch ohne Schaukelpartie am Berg.

Adresse Talstation Seilbahn Velika planina, Kamniška Bistrica 2, 1242 Stahovica, www.velikaplanina.si | **ÖPNV** Bus ab Kamnik nach Kamniška Bistrica, Haltestelle Žičnica Velika planina | **Anfahrt** von Ljubljana an Kamnik vorbei, der Beschilderung nach Kamniška Bistrica / Gornji Grad folgen, nach 6 Kilometern im Dorf Stahovica links in Richtung Kamniška Bistrica, nach 4 Kilometern rechter Hand Parkplatz der Seilbahn | **Öffnungszeiten** Pendelseilbahn Mo – Do 8 – 18 Uhr, Fr – So 8 – 19 Uhr | **Tipp** Von der Bergstation läuft man eine halbe Stunde zur Alm Zeleni rob, wo es leckere hausgemachte Štruklji gibt.

101 Die Sarkophage

Steinsärge aus dem alten Ägypten

Das Vipava-Tal ist für seine Weine bekannt. Doch für altägyptische Steinsärge? Nicht unbedingt. Auf dem Friedhof von Vipava, dem alten Wippach, gibt es jedoch gleich zwei davon. Die beiden Sarkophage sollen aus der 4. und 5. Dynastie stammen. Weltweit sind nur sechs solcher Totenschreine bekannt.

Dass sie dort gestrandet sind, ist dem früheren österreichischen Generalkonsul in Ägypten, Anton von Laurin (1789–1869), zu verdanken. Lavrin, so sein Name auf Slowenisch, stammte aus der Familie eines reichen Gutsbesitzers, dem die Mühle von Vipava gehörte. Er studierte Jura in Wien. Zu jener Zeit war er einer der wenigen Slowenen, die innerhalb der diplomatischen Hierarchie so weit aufstiegen. Lavrins Laufbahn führte ihn ab 1834 nach Ägypten. Als Sammler und Forscher stieß der Diplomat dort auf die Turmgräber zu Füßen der Chephren-Pyramide in Gizeh, wo die antiken Sarkophage entdeckt wurden. Lavrin schickte zwei davon nach Vipava. Später ließ er seinen Sohn, der mit nur acht Jahren starb, in einem der Sarkophage beisetzen, seine Eltern im anderen.

Ursprünglich sollen der altägyptische Prinz Junmin, Sohn des Königs Mikerin, sowie ein Höfling in den Steinsärgen aus rotem Assuan-Granit bestattet worden sein. Eine halb offene Friedhofskapelle schützt mit Steintafeln und Säulen den wertvollen Fund, zu dem eine gewisse Familie Hrovatin auch etwas beisteuerte, seit 1999 vor Wind und Wetter.

Lavrin ließ seiner alten Heimat übrigens noch mehr altägyptische Funde zukommen: Die Sphinx vor dem malerischen Schloss Miramar bei Triest stammt aus seiner Sammlung, und im Slowenischen Nationalmuseum in Ljubljana findet sich die restaurierte Mumie eines Tempelpriesters. Ein Abschnitt des Friedhofs von Vipava ist übrigens den Soldaten aus dem Ersten Weltkrieg gewidmet, mehr als 400 Gefallenen aus der gesamten K.u.k.-Monarchie, die an der Isonzo-Front kämpften.

Adresse Pokopališče, Goriška cesta, 5271 Vipava | **Anfahrt** Schnellstraße H 4 Ausfahrt Vipava, 2 Kilometer ins Zentrum, am Ende der Baumreihen entlang der Goriška cesta in Richtung Ajdovščina, vor der Tankstelle | **Öffnungszeiten** tagsüber zugänglich | **Tipp** Im Podskala-Park bei der alten Festung Tabor hat der ergiebige Karstfluss Vipava in malerischer Umgebung seinen Ursprung. Eine Inschrift auf dem Kopf der Steinbrücke gibt die Entfernung nach Ljubljana an: 11 österreichische Postmeilen, umgerechnet rund 83,5 Kilometer (Tabor 5).

102 Die Weltraum-Snacks

So klappt das Teetrinken auch im All

In Russland wird gern Schwarztee getrunken. Dieses lieb gewonnene Ritual pflegen auch russische Kosmonauten im Weltall. Doch wie bereitet man Tee zu, wenn man gerade auf dem Weg zum Mond ist? Mit einem Samowar?

Die Antwort findet sich in Vitanje. Inmitten einer malerischen Alpenlandschaft scheint gerade ein silbernes Ufo mit Schrägdach gelandet zu sein. Der futuristische Rundbau ist das »Noordung-Zentrum für Weltraumtechnologien«, dessen Architektur auf die Skizze einer geostationären Raumstation von 1928 zurückgeht. Drinnen wird eine moderne Ausstellung über die Raumfahrt präsentiert, einschließlich Flugsimulator.

Eine Vitrine im Obergeschoss hält die Lösung für »Schwarztee im Weltall« parat: Der Tee reist gefriergetrocknet in einer Vakuumverpackung mit. Der unförmige Brühwürfel daneben ist eine eingeschweißte Gemüsesuppe. Ebenso luftdicht versiegelt ist eine Scheibe russisches Roggenbrot, »Stolytschnyj chleb«. Schweinepastete wird aus Metalltuben gepresst, und auch Kaviar in Dosen mit Ziehlasche durfte – früher zumindest – nicht fehlen. Die Lebensmittel seien eine psychologische Stütze, aber auch wichtig für die kulturelle Identität und den interkulturellen Austausch an Bord, heißt es auf Slowenisch und Englisch im Ausstellungstext dazu. Schwarztee trifft Cheeseburger?

Dass das 2012 eröffnete Weltraumzentrum in Vitanje steht, kommt nicht von ungefähr. Hier wurde die Mutter von Herman Potočnik alias Hermann Noordung (1892–1929) geboren, von dem die Skizze für den Bau stammt. Er hatte großen Einfluss auf die spätere Weltraumfahrt und war seiner Zeit voraus. 1928 veröffentlichte Potočnik, der in Wien studiert hatte, sein Standardwerk auf Deutsch: »Das Problem der Befahrung des Weltraums – der Raketenmotor«. Erst 1986 wurde es ins Slowenische übersetzt. Schwarztee gab es zu seiner Zeit schon, nur noch nicht im All.

Adresse Center vesoljskih tehnologij Hermana Potočnika Noordunga (Center Noordung), Na vasi 18, 3205 Vitanje, www.center-noordung.si | Anfahrt A 1, Ausfahrt Celje-center, der Regionalstraße 429 18 Kilometer bis Vitanje folgen, in der Ortsmitte in die Straße Na vasi einbiegen, von dort wenige Meter zum Parkplatz | Öffnungszeiten Mo – Do 9 – 16 Uhr, Fr 9 – 17 Uhr, Sa, So 10 – 18 Uhr, Führungen auf Deutsch nach Voranmeldung unter Tel. +386/(0)40/300052 | Tipp Der Radweg »Štrekna« verläuft über 24 Kilometer entlang einer alten Bahntrasse durch das Tal Mislinjska dolina – via Otiški Vrh, Slovenj Gradec und Gornji Dolič – und ist komplett asphaltiert (www.koroska.si).

103_Das Theodosius-Kreuz

Wo der Wind das Römische Reich teilte

Im Herbst fegt die Bora (Burja) schon mal kräftig durch das Vipava-Tal. Der gefürchtete Fallwind soll hier eine der bedeutendsten Schlachten der Antike entschieden haben. Durch sein Zutun wurde die Teilung des Römischen Reiches in Ost und West besiegelt. Doch schön der Reihe nach.

Lässt man das Dörfchen Vrhpolje hinter sich, schlängelt sich der Asphalt den Hang hinauf. In einer Kurve taucht plötzlich ein mächtiges Steinkreuz in T-Form auf, das 1994 aufgestellt wurde: das Theodosius-Kreuz. An dieser Stelle soll Kaiser Theodosius in der Nacht zum 5. September 394 nach Christus zu Gott gebetet haben. Der Imperator, der die Goten an seiner Seite hatte, erhoffte sich dadurch den Beistand des Allmächtigen im bevorstehenden Kampf gegen die Soldaten des heidnischen Kaisers Eugenius.

Der erste Tag der Kämpfe, die als »Schlacht am Frigenius«, dem heutigen Fluss Vipava, in die Geschichte eingingen, war sehr blutig. Theodosius verlor viele seiner Männer. Als die Dunkelheit hereinbrach, wurden die Kämpfe unterbrochen. Am nächsten Morgen schlichen sich Theodosius' Soldaten schon früh an die Gegner heran – und griffen sie an. Dabei kam ihnen die Bora zu Hilfe. Brüllend und tobend fegte der Fallwind durch das Vipava-Tal. Der Wind soll an diesem Tag so unberechenbar gewesen sein, dass Eugenius' Soldaten durch den aufgewirbelten Staub kaum noch etwas erkennen, geschweige denn ihre Schilde halten konnten. Pfeile und Speere flogen wild umher, sogar gegen die eigenen Männer, heißt es. Theodosius gewann also mit Hilfe des Windes.

Die Schlacht wird oft als reiner Konflikt zwischen Heiden und Christen dargestellt, die jedoch auf beiden Seiten kämpften. Historiker vermuten, dass es sich um einen politischen Konflikt gehandelt habe, der erst nachträglich eine religiöse Komponente bekam. Wie dem auch sei: Das Theodosius-Kreuz ist heute ein friedlicher Ort mit Panoramabank. Vor allem bei Windstille.

Adresse Vrhpolje, 5271 Vipava | **Anfahrt** Schnellstraße H 4, Ausfahrt Vipava, 2 Kilometer bis Vipava-Ortsmitte, dort der Beschilderung nach Vrhpolje folgen, Vrhpolje durchfahren, Kreuz nach dem Ortsausgang linker Hand in einer S-Kurve | **Öffnungszeiten** jederzeit zugänglich | **Tipp** Im Wäldchen gegenüber übernachtet man in stylishen Glamping-Unterkünften im Grünen mit einem hervorragenden Restaurant. Beide tragen den Namen »Theodosius« (www.theodosius.si).

104 Das Heidenmädchen

Wer genau hinschaut, entdeckt ihr Gesicht im Fels

Es braucht schon ein wenig Phantasie, um es zu erkennen. Statt Zöpfe, Kniestrümpfe und Schuhe hat dieses ungewöhnliche Mädchen nur ein Gesicht. Zwei Felsvorsprünge bilden die Augen, Schattierungen an der Steilwand formen Mund und Nase. So wacht das »Ajdovska deklica«, das Heidenmädchen, über dem Prisojnik-Bergmassiv in den Julischen Alpen. Schon bei ihrem Namen scheiden sich die Geister. Die ungewöhnliche Felsformation könnte man nämlich auch mit »Riesenmädchen« übersetzen, da das Wort »ajd«, das »Riese« bedeutet, seit der Christianisierung der Slawen auch für Heiden benutzt wurde.

Die Felswand ist jedenfalls mit einer Legende verbunden. Unter den Steilwänden des Prisojnik-Bergmassivs soll einmal ein Mädchen gelebt haben. Es war sehr groß gewachsen und vermutlich die Tochter eines Riesen. Das Mädchen hatte ein gutes Herz, half den Menschen gern und leitete Reisende trotz Schneeverwehungen und -stürmen sicher über den Vršič-Pass. Auf dem Rückweg brachten ihm diese zum Dank Essen und Trinken vorbei.

Einmal soll das Heidenmädchen, dem auch die Fähigkeiten einer Nymphe oder Schicksalsgöttin zugesprochen werden, einen Bergsteiger im Dorf Trenta besucht haben. Dieser war gerade Vater geworden. Das Mädchen prophezeite ihm, dass sein Sohn Jäger werden und den legendären Steinbock Zlatorog (Goldhorn) erschießen werde. Die Hörner dieser Sagenfigur der slowenischen Alpen, die als unverwundbar gilt, würden dem Jäger zu Reichtum verhelfen. Die anderen Nymphen waren so aufgebracht, als sie von dieser Prophezeiung für Goldhorn erfuhren, dass sie das Mädchen bei seiner Rückkehr genau unter dieser Felswand in Stein verwandelten. Seitdem formt die Felswand ihr Gesicht.

Die Legende ist eng mit den Schicksalsgöttinnen der slawischen Mythologie verwoben. Sogenannte Sojenice sollen bei der Geburt über das Schicksal eines Säuglings entscheiden, über Glück, Reichtum und Tod.

Adresse Trenta 85 (Parkplatz), 5232 Soča | **Anfahrt** ab Kranjska Gora der Beschilderung »Vršič« in Richtung Bovec folgen (im Winter gesperrt), Parkplatz beim Tičarjev dom auf dem Bergsattel, von dort 15 Minuten Fußweg bis zum Aussichtspunkt bei der Hütte Poštarska koča na Vršiču | **Öffnungszeiten** jederzeit zugänglich | **Tipp** Die Koča na gozdu ist eine gemütliche Berghütte mit Filzhausschuhen, Kachelofen, köstlichen hausgemachten Štruklji und deftiger Jota (Bohnensuppe mit Sauerkraut) – vier Kilometer in Richtung Kranjska Gora gelegen.

105 Die Rennstrecke

50 Kehren machen wirklich jeden Radler sattelfest

Die Sonne scheint. Höchste Zeit, sich sattelfest zu machen. Um slowenischen »Tour de France«-Ikonen wie Primož Roglič oder Tadej Pogačar nachzueifern, muss man vor allem eines tun: üben! Wer schon mal am Wochenende den Vršič-Pass in den Julischen Alpen überquert hat, kommt der Sache mit den vielen Top-Radlern – gemessen an der Einwohnerzahl – auf die Spur. Im ganzen Land gibt es nämlich keine bessere Übungsstrecke für Straßenradfahrer.

Da windet sich der Hochgebirgspass in 25 gepflasterten Haarnadelkurven steil den Berg hinauf, überquert den Vršič-Sattel auf 1.611 Metern Meereshöhe, und anschließend schrauben sich ebenso viele Spitzkehren ins Soča-Tal hinab. Und zwar so sportlich, dass so mancher Automotor dabei gewaltig ächzt. Die Radfahrer sind auf der geteerten Passstraße unterwegs, die auf der Nordseite an den Kehren mit Kopfsteinen gepflastert ist, aber auch auf kürzeren Schotterpassagen nebenan.

Die Trasse gehört beim alljährlichen Radrennen »Juriš na Vršič« (etwa »Run auf den Vršič«) Hunderten von Radsportlern. Humorvoll ist das Bergrennen »Goni Pony« mit alten Retro-Klapprädern der slowenischen Marke »Pony« und Vintage-Sportkleidung.

Der Vršič-Pass ist aber nicht nur die Königsetappe für Rennradfahrer, sondern er birgt auch eine erschütternde Geschichte. Die Hochgebirgsstraße von Kranjska Gora ins Trenta-Tal wurde im Ersten Weltkrieg von rund 10.000 russischen Kriegsgefangenen mühsam errichtet. Über die Trasse wurde die Armee an der Isonzo-Front im Soča-Tal mit Nachschub versorgt. Bei einem Lawinenabgang 1916 wurden bis zu 300 Kriegsgefangene, aber auch österreichische Wachposten verschüttet. In Erinnerung an sie wurde die mit Holzschindeln bedeckte Russische Kapelle (Ruska kapelica) bei Spitzkehre Nummer 9 an der Nordauffahrt erbaut. An der Gedenkfeier Ende Juli treffen auch hochrangige russische Politiker ein, dann wird es schon mal eng beim Vorbeiradeln.

Adresse Ruska kapelica, Vršička cesta 83, 4080 Kranjska Gora | **Anfahrt** ab Kranjska Gora der Beschilderung »Vršič« in Richtung Bovec folgen (im Winter gesperrt) | **Tipp** Vor der Auffahrt zum Vršič-Pass von Norden her lohnt ein Stopp am künstlichen Alpensee Jezero Jasna, wo Cafés mit Liegestühlen am Ufer, ein hölzerner Sprungturm, Enten und weißes Geröll in einem Canyon warten.

106 Der Militärwachturm

Im kleinsten Museum ist man sofort mittendrin

Darf man hier wirklich fahren? Oder landet man plötzlich auf einem Hof, und der Bauer schimpft? Der schmale Asphaltweg durch die Obstplantagen führt tatsächlich an die italienische Grenze zum Wachturm von Vrtojba, einem haushohen roten Backsteinbau, der zu jugoslawischen Zeiten mit militärischen Wachposten besetzt war. Auf dem schattigen Platz davor sitzen zwei Jugendliche auf einer Bank, ihre Fahrräder lehnen nebenan.

Der Schlüssel, der beim freundlichen Dorfwirt der Gostilna Rutnica in Vrtojba oder im zehn Autominuten entfernten Hotel Lipa organisiert werden kann, passt ins Schloss, und beim Öffnen der Tür steht man sofort mittendrin. Die Wände des winzigen Turms sind komplett mit Fotopostern verkleidet. Daran, dass es das kleinste Museum seiner Art in Slowenien sein soll, zweifelt spätestens jetzt niemand mehr. Streng genommen besteht es nur aus einem Treppenaufgang mit Balkon, ohne Foyer oder Räume.

Dafür steckt hier so viel Geschichte drin, wie nur irgendwie hineinpasst. Das bunte Foto-Mosaik an den Wänden erzählt vom Alltag mit Freud und Leid an der früher streng bewachten jugoslawisch-italienischen Grenze, von der Ziehung der neuen Staatsgrenze 1947, dem Bau des Wachturms im Folgejahr, von Passierscheinen und alten jugoslawischen Reisepässen, vom Ringen internationaler Kommissionen um eine Region, die über Nacht in zwei Welten zerfallen ist – Ost und West. Momentaufnahmen zeigen aber auch rührende Augenblicke, in denen Soldaten mit kleinen Kindern scherzen.

An der winzigen Tür, die auf den Aussichtsbalkon führt, prangt ein Wachmann in Originalgröße als Fototapete. Der Ausblick von oben lohnt sich, man schaut über grüne Obstgärten, Felder und eine flache Ebene bis nach Italien hinüber. Ein spannendes Stück Zeitgeschichte, das keinen kaltlässt. 2006 wurde der Turm in ein kleines Gedenkmuseum umgewandelt und so vor dem Verfall gerettet.

Adresse Vojaški stražarski stolp, OT Vrtojba, 5290 Šempeter pri Gorici, www.goriskimuzej.si | Anfahrt Schnellstraße H 4, Ausfahrt Nova Gorica, im 1. Kreisverkehr geradeaus, am nächsten Kreisverkehr 3. Ausfahrt Šempeter-Miren nehmen, Schlüssel in der Gostilna Rutinca, von dort nach 500 Metern an der Bushaltestelle rechts und 1 Kilometer geradeaus | Öffnungszeiten Gostilna Rutnica: Mi, Do 11–15 und 18–22 Uhr, Fr 11–23 Uhr, Sa 12–23 Uhr, So 11–22 Uhr; Gostilna Lipa: rund um die Uhr | Tipp In der etwa 1,5 Kilometer entfernten Gostilna Rutinca sitzt man bei hausgemachter Pasta, Gnocchi und Pizza gemütlich im Innenhof (Ulica 9. Septembra 152, 5290 Šempeter pri Gorici, OT Vrtojba, Tel. +386/(0)5/3036150, www.rutinca.com).

107_Das alte Zollhaus

Einmal im Niemandsland übernachten

Eigentlich ist man schon am Ziel. Dennoch bleibt das vage Gefühl, dass man sich komplett verfahren haben könnte. Die letzte Möglichkeit, noch in Slowenien rechts abzubiegen, direkt in die Weinberge von Jurski vrh hinein – soeben verpasst. Auch der vergessene »Kompas«-Shop, der verrammelte Türen statt zollfreie Zigaretten bietet, bleibt rechter Hand zurück. Dann mahnt auch noch ein blaues Schild, dass es nur noch 100 Meter bis zur österreichischen Staatsgrenze sind. Nur noch wenige Meter geht es jetzt ins »Niemandsland« hinein, das eigentlich zur slowenischen Gemeinde Zgornja Kungota in der Region Štajerska gehört. Bremst man hingegen erst am kleinen Grenzposten, ist man schon in der Steiermark.

Das Ziel, ein ockerfarbenes Haus mit grau gestrichener Veranda, steht mitten im Grenzbereich. Früher wurden hier Zollpapiere und Reisepässe abgestempelt, heute ist es ein Ort der Begegnung: ein Gästehaus mit acht Betten und dem symbolischen Namen »Zadruga brez meja«, was so viel wie »Vereinigung ohne Grenzen« heißt. In einem der vier Zimmer wurde Omas runder Holztisch mit lila Kunstleder überzogen, der Retro-Schrank hat einen dazu passenden Farbanstrich bekommen.

Es sind die kleinen Details, die das Haus so sympathisch machen, vor allem aber die Idee, die dahintersteckt: Fünf Frauen und ein Mann aus der Gegend haben sich zusammengetan und dem verlassenen Grenzhaus eine ganz eigene Note verpasst. Jeder hat etwas beigesteuert, von selbst gehäkelten Kissen bis zur Wanddekoration.

Es fühlt sich ein wenig so an, als sei man bei Freunden zu Gast. Die Küche darf mitbenutzt werden, in der Gemeinschaftslounge mit den Bücherregalen, den gemütlichen Sofas und dem Fernseher trifft man sich. Wer sich eine Limonade aus dem Kühlschrank holt, füttert einfach eine kleine Kasse – auf Vertrauensbasis. Der Frühstückskaffee wird an einem langen Tisch getrunken, der genau acht Gästen Platz bietet, um ein wenig zu plaudern, und niemanden ausgrenzt.

Adresse Zadruga brez meja, Jurski vrh 23, 2201 Zgornja Kungota | **Anfahrt** A 1 Richtung Österreich, Ausfahrt Maribor sever, im Kreisverkehr 4. Ausfahrt nehmen, nach 200 Metern Ausfahrt Zg. Kungota, der Beschilderung entlang der Regionalstraße 436 bis zum Grenzübergang Jurij-Langegg folgen | **Öffnungszeiten** Zutritt für Hotelgäste, Buchung über Onlineportale, von außen jederzeit | **Tipp** Direkt hinter dem Haus verläuft der Grenzpanoramaweg (Obmejna panoramska pot) durch die Weinberge. Von hier aus kann man auch zur berühmten »Herzerlstraße« im Weinberg von Špičnik starten oder zum »Grenztisch«, den sich beide Länder teilen.

108 Der Bahnknotenpunkt

Fast ein kleines Verkehrsmuseum

Große Reisekoffer rollen in Zidani Most nur selten über den Bahnsteig. Der Warteraum steht die meiste Zeit leer. Pljeskavica, jugoslawischer Hamburger, wird hier schon lange nicht mehr gegrillt. Dafür hat das Bahnhofsbuffet geöffnet, und der Espresso ist wunderbar kräftig.

Ein Provinzbahnhof ist der Halt Zidani Most trotzdem nicht. Der 330-Seelen-Ort hat sogar etwas, wovon andere Städte nur träumen: Er ist direkt an mehrere Metropolen in Europa angebunden. Ohne Umsteigen kommt man nach Ljubljana, Zagreb, Budapest, München oder Zürich, auch mit dem Nachtzug. Da der Bahnhof nur drei Gleise hat, muss das natürlich gut geplant sein, denn manchmal rollen Züge aus drei Himmelsrichtungen gleichzeitig ein.

Das liegt an der fast schon spektakulären Lage. Wo sich Save und Savinja treffen, führen zwei Eisenbahnbrücken ans andere Ufer. Die eine zweigt in Richtung Österreich ab, die andere in Richtung Kroatien. Zidani Most, das alte Steinbrück, entstand 1849 aus dem Nichts, zunächst als Haltestelle der historischen Südbahn von Wien nach Triest. 1862 wurde dann die Trasse nach Zagreb und Sisak eingeweiht – und Steinbrück zu einem wichtigen Bahnknotenpunkt.

Der Bahnhof wirkt heute fast wie ein kleines Verkehrsmuseum. Über dem Treppenaufgang baumelt ein hölzerner Riesenschlitten, der mehr als 120 Jahre alt ist. War der Schnee im Winter zu hoch, brachte er seinerzeit Passagiere durchs Savinja-Tal. Folgt man dem Bahnsteig, thront dort eine charmante alte Dampflok, ein Denkmal-Zug, wie man ihn an allen größeren Bahnhöfen in Slowenien findet. Die Tenderlok mit der Nummer 2709 ist ein D-Kuppler, von Vulcan in Stettin gebaut. Es gibt noch mehr »Exponate«: den Vorbahnhof mit seinem Stellwerk, aber auch den Hektometerstein mit der Zahl 502, der davon zeugt, dass die Kilometerzählung in Jugoslawien in Belgrad begann – so weit ist die heutige Hauptstadt Serbiens nämlich entfernt.

Adresse Železniška postaja, Zidani Most 9, 1432 Laško | **Anfahrt** Regionalstraße 108, der Beschilderung Richtung Zidani Most und Bahnhof folgen | **Öffnungszeiten** Außengelände mit Lok jederzeit zugänglich | **Tipp** Gerade mal sieben Minuten dauert die Zugfahrt mit der Regionalbahn nach Rimske Toplice. Vom dortigen Bahnhof aus erreicht man nach zehn Minuten Fußmarsch die nostalgische »Römische Therme«, wo schon der K.-u.-k.-Adel gern im warmen Thermalwasser badete.

109 Das Hopfenstädtchen

Sein Bier zapft man hier selbst

Dieser Duft! Zerreibt man eine Hopfendolde zwischen den Fingern, verströmt diese ein wunderbar feinwürziges Aroma. Am besten erlebt man die grünen Kletterpflanzen rund um das Städtchen Žalec, das alte Sachsenfeld. Im größten Hopfenanbaugebiet Sloweniens wandert man im Sommer auf einem 14 Kilometer langen »Hopfenweg« (Hmeljska pot), es geht an Drahtgerüsten vorbei, an denen sich die Pflanzen bis zu sieben Meter hinaufranken und pro Tag rekordverdächtige 25 Zentimeter wachsen.

Wenn Ende August die Ernte beginnt, riecht es überall noch würziger, und überhaupt ist es im Sommer am schönsten, da erst dann der Hopfen wie ein grüner Vorhang wirkt.

Der Duft macht Lust auf ein Bier? Auch das gibt es in Žalec. Seit 2016 plätschert dort die erste öffentliche Bierfontäne in Europa, die den Beinamen »Grünes Gold« trägt (Fontana piva »Zeleno zlato«). Das heißt jedoch nicht, dass es Freibier für alle gibt. Erst muss man sich am Kiosk einen bauchigen Spezialkrug mit Mikrochip kaufen, dann darf man sich sechs Mal jeweils 0,1 Liter einer lokalen Biersorte selbst zapfen. Sechs Biersorten stehen zur Auswahl, während der Saison wird mehrmals gewechselt. Ein Dauerbrenner ist das Grünhopfenbier, das aus ungetrocknetem Hopfen gebraut wird, grasig-frisch schmeckt und farblich an frisch gemähten Rasen erinnert.

Der Hopfenanbau im Unteren Savinja-Tal wurde unter der Herrschaft Maria Theresias ab 1876 gezielt gefördert. Bis in die 1960er Jahre ernteten 3.000 Hopfenpflücker die Dolden mühsam von Hand. Ihre Arbeit haben längst schon Maschinen übernommen, die Erinnerung an alte Methoden wird im Hopfenmuseum gepflegt, das im alten Trockenhaus untergebracht ist, wo es bis heute aromatisch duftet. Die Holzstangen vor dem Museum und neben der Bierfontäne im Park wurden übrigens früher als Klettergerüst für den Hopfen genutzt. Die Männer, die sie aufstellten, hießen »štangarji«, vom deutschen Wort »Stange«.

Adresse Fontana piva »Zeleno zlato«, Savinjska cesta 11, 3310 Žalec, www.beerfountain.eu | **Anfahrt** A 1, Ausfahrt Žalec, der Beschilderung bis Ortsmitte Žalec folgen; Hopfenweg siehe grüne Schilder »Hmeljska pot« | **Öffnungszeiten** Bierfontäne Sommer 10–21 Uhr | **Tipp** Ein Abkömmling der »Alten Rebe« aus Maribor rankt sich den kleinen Wehrturm bei der Kirche empor. Nebenan befindet sich ein kleiner Park mit Duft- und Heilkräutern.

110_Der Ballonlandeplatz

Wie eine grüne Wiese Schlagzeilen machte

So hatte sich Max Cosyns seine Reise nicht vorgestellt. Er hatte lange geplant, halb Europa durchquert und fand sich plötzlich auf einer grünen Wiese wieder, unweit des Dorfes Ženavlje, im hügeligen Teil des Prekmurje. Es war gegen acht Uhr abends, als Cosyns an jenem 18. August 1934 mit seinem Assistenten Nere van Elst dort ankam. Das allein wäre den Radiosendern noch keine Nachricht wert gewesen, wäre da nicht dieses höchst ungewöhnliche Transportmittel gewesen: ein Stratosphärenballon! Im Prekmurje hatte ein starker Wind die beiden zu einer Notlandung gezwungen und bescherte der Region damit eine Sensation.

Die beiden Wissenschaftler waren morgens um sechs Uhr im belgischen Hour-Havenne gestartet und hatten es auf beeindruckende 16.000 Meter Flughöhe gebracht. Der Stratosphärenballon war mit einer Radio-Funkverbindung ausgestattet, die Daten übermittelte. Die wichtigsten europäischen Radiostationen übertrugen den ganzen Tag über die Lage des Ballons und schließlich auch die Landung im Prekmurje. So wurde die Region über Nacht berühmt.

Die Dorfbewohner von Ženavlje ließen sich mit ihren Gästen fotografieren und packten mit an, um den Ballon auf ein Pferdefuhrwerk zu laden. Cosyns und van Elst bekamen noch einen königlich-jugoslawischen Orden verliehen und kehrten über Ljubljana, Zagreb und Wien mit einem dreimotorigen Flieger nach Belgien zurück. Vor seiner Rückkehr schickte Cosyns noch eine Postkarte nach Belgien, auf der das Postamt von Gornji Petrovci abgebildet war. Das ist die Gesamtgemeinde, zu der Ženavlje gehört und die den 18. August zu ihrem Feiertag erklärt hat.

Mehr noch: Seit 1997 existiert eine Skulptur an der Landstraße, die einem Ballon nachempfunden ist, durchwoben von großen Löchern. Wenn man hindurchschaut, sieht man einen kleinen Ballon darin. Die Skulptur des Bildhauers Mirko Bratuša steht genau am Landeplatz des Ballons.

Adresse Spominsko obeležje balon, Ženavlje 6, 9203 Gornji Petrovci | Anfahrt ab Murska Sobota der Regionalstraße 721 rund 26 Kilometer nach Norden folgen, in Ženavlje abbiegen, Skulptur direkt an der Landstraße | Öffnungszeiten jederzeit zugänglich | Tipp Der Grenzstein am Dreiländereck Österreich-Ungarn-Slowenien ist fast der nördlichste Punkt Sloweniens. Um ihn zu erreichen, fährt man zehn Minuten Richtung Nordwesten über Martinje und Trdkova, vom Parkplatz sind es dann noch 700 Meter zu Fuß.

111 Der Liebesturm

Höher als er ist keiner

Coole Ausblicke und heiße Herzen, dafür ist der »Liebesturm« (Stolp ljubezni) wie geschaffen. Nichts wie hinauf! Ein Windstoß lässt den Turm schwanken, aber fast unmerklich. Nach knapp 26 Höhenmetern darf man – oben angelangt – die Wunschglocke läuten. Vergessen sind alle Bedenken, denn die Aussicht auf vier Länder – Slowenien, Österreich, Kroatien und Ungarn – ist einfach wunderbar. Das Panorama verdankt der derzeit höchste Holzturm Sloweniens seiner Lage in der Region Kozjansko auf dem Žusem-Hügel. Dort erhebt er sich auf einer Kuppe, 669 Meter über dem Meeresspiegel.

Bei jeder der 116 Stufen wird der Besucher an die Namen der Helfer und Spender erinnert, die den Bau ermöglicht haben. Die Idee stammt vom örtlichen Alpenverein, dessen Mitglieder mit anpackten. Der Projektwert, einschließlich Arbeitskraft und Material, liegt bei 150.000 Euro. Zu tun gab es genug: Für das Fundament benötigte man 33 Kubikmeter armierten Beton, für den Turm 45 Kubikmeter Lärchenholz und 1,5 Tonnen Edelstahl. Das alles wurde zu einem Konstrukt mit zwei Aussichtsplattformen und 22 Podesten verbaut.

Allein die Logistik war eine Herausforderung, denn das Material musste auf den abgeschiedenen Hügel gekarrt werden, auf den nur Waldwege hinaufführen. Die nächste »richtige« Straße, ein schmaler Asphaltweg, verläuft wenige Meter unterhalb.

Doch wie kam der Turm zu seinem wunderbaren Namen? Dazu muss man aus der Vogelperspektive auf den Hügel schauen, denn hier dreht sich alles um die Liebe. Die hiesige Kirche ist dem heiligen Valentin (Sveti Valentin), dem Schutzpatron der Verliebten, geweiht, und am Valentinstag organisiert der örtliche Alpenverein eine Laternenwanderung nicht nur für Verliebte. Fehlt eigentlich nur noch die erste Hochzeit auf dem Turm. Allerdings besteht die Gefahr, dass einem der herrliche Ausblick im entscheidenden Moment die Sprache verschlägt.

Adresse Stolp ljubezni, Dobrina 31, 3223 Loka pri Žusmu | Anfahrt A 1, Ausfahrt Dramlje / Šentjur, Regionalstraße 423, der Beschilderung nach Rogaška Slatina, dann nach Gorica pri Slivnici folgen, in Bukovja pri Babini Gori in Richtung Dobrina abbiegen, dem Wegweiser »Stolp« folgen, nach dem Steinbruch rechts in einen Waldweg einbiegen | Öffnungszeiten tagsüber zugänglich | Tipp Liebe geht ja bekanntlich durch den Magen. Unterhalb des Turms verkauft der Verein in einer kleinen Hütte selbst gebackene Muffins und hausgebrannten Schnaps – was auf die eine oder andere Art ja auch für wohlige Herzenswärme sorgt, zumindest für den Augenblick.

1
ÖSTERREICH
ITALIEN
Kranjska Gora
Dovje
Jesenice
Žirovnica
Bled
Tržič
Bovec
Kropa
Bohinj
A2
Kobarid
Kranj
Tolmin
Škofja Loka
Dolenji Novaki
Medvode
Gorenja vas
Žiri
Idrija
Godovič
Vrhnika
Nova Gorica
Šempeter pri Gorici
Logatec
ITALIEN
Ajdovščina
A1
Vipava
Cerknica
Postojna
Sežana
A3
Divača
Pivka
A1
Hrpelje
Ilirska Bistrica
Izola / Isola
Piran / Pirano
Koper/ Capodistria
N
0
5 km
KROATIEN

Dravograd
Prevalje
Mežica
93
2
Lovrenc na Pohorju
13
Črna na Koroškem
Slovenj Gradec
Mislinja
Šoštanj
Velenje
102
Zreče
99
Luče
Mozirje
94
100
Polzela
Podlom
109
9
11
10
A1
95
28
Prebold
Žalec
8
CELJE
Šentjur
Kamnik
Vodice
84
98
Mengeš
A1
A2
16
97
Trbovlje
Domžale
39
LJUBLJANA
108
4
23
Zidani Most
Litija
Sevnica
91
68
2
Arto
Grosuplje
Mirna
Mokronog
A2
Trebnje
30
Škocjan
A2
Zafara
Velike Lašče
Novo mesto
Straža
Ribnica
86
Metlika
89
32
Kočevje
Otok
73
KROATIEN
24
Črnomelj
KROATIEN

3
ÖSTERREICH
UNGARN
KROATIEN
Kuzma
Hodoš
Križevci
Murska Sobota
Gornja Radgona
Radenci
Turnišče
Beltinci
Lendava
Lenart
Ruše
MARIBOR
Spodnji Duplek
Ljutomer
Ptuj
Moškanjci
Ormož
Slovenska Bistrica
Podlehnik
Poljčane
Rogaška Slatina
Šmarje pri Jelšah
Bizeljsko
Krško
Brežice
A1
A5
A4
110
19
36
92
17
82
83
74
29
65
67
66
107
63
62
61
59
60
21
56
25
79
81
80
72
71
38
87
96
88
70
111
5
N
0
5 km

4
Vilharjeva cesta
Trg Osvobodilne fronte
Slovenska cesta
Trg Franceta Štiglica
Gosposvetska cesta
Dalmatinova cesta
Komenskega ulica
Ilirska ulica
LJUBLJANA
Ljubljanica
Prešernov trg
Vodnikov trg
Trg Republike
Kongresni trg
Zoisova cesta
Karlovška cesta
Barjanska cesta
TRNOVO
N
0
100 m
40
43
46
41
52
42
53
48
49
50
44
55
47
45
54
51

Ranka Keser
111 Orte in Kroatien, die man gesehen haben muss
ISBN 978-3-7408-0557-9

Dorothee Fleischmann, Carolina Kalvelage
111 Orte in Budapest, die man gesehen haben muss
ISBN 978-3-7408-0877-8

Andrea Nagele
111 Orte in Klagenfurt und am Wörthersee, die man gesehen haben muss
ISBN 978-3-7408-1093-1

Bernadette Németh
111 Orte rund um den Neusiedler See, die man gesehen haben muss
ISBN 978-3-7408-1078-8

Franz Hlavac, Gisela Hopfmüller
111 Orte in Kärnten, die man gesehen haben muss
ISBN 978-3-7408-1077-1

Rolando N. Grumt Suárez
111 Orte in Hallstatt, die man gesehen haben muss
ISBN 978-3-7408-0858-7

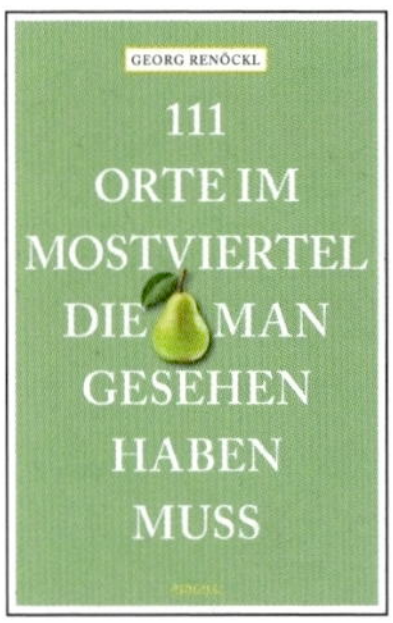

Georg Renöckl
111 Orte im Mostviertel, die man gesehen haben muss
ISBN 978-3-7408-1074-0

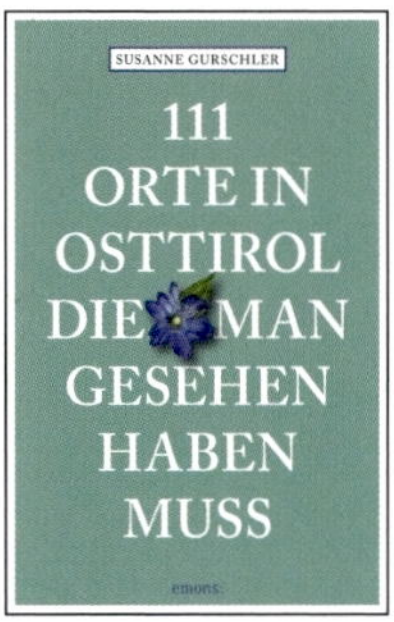

Susanne Gurschler
111 Orte in Osttirol, die man gesehen haben muss
ISBN 978-3-7408-0847-1

Sabine M. Gruber
111 Orte im Wienerwald, die man gesehen haben muss
ISBN 978-3-7408-0844-0

Günther Pfeifer,
Gerhard Hohlstein,
Franziska Wohlmann-Pfeifer
111 Orte im Weinviertel, die man gesehen haben muss
ISBN 978-3-7408-0843-3

Daniela Dejnega, Luzia Schrampf
111 Weine aus Österreich, die man getrunken haben muss
ISBN 978-3-7408-0618-7

Sophie Reyer, Johanna Uhrmann
111 Wiener Orte und ihre Legenden
ISBN 978-3-7408-0674-3

Monika Schmitz
111 Orte im Lungau, die man gesehen haben muss
ISBN 978-3-7408-1309-3

Kristof Halasz
111 Orte in Vorarlberg, die man gesehen haben muss
ISBN 978-3-7408-0568-5

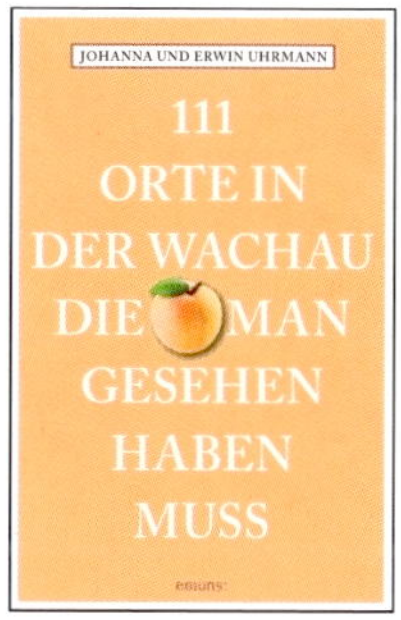

Erwin Uhrmann,
Johanna Uhrmann
111 Orte in der Wachau, die man gesehen haben muss
ISBN 978-3-7408-0565-4

Robert Preis
111 schaurige Orte in der Steiermark, die man gesehen haben muss
ISBN 978-3-7408-0445-9

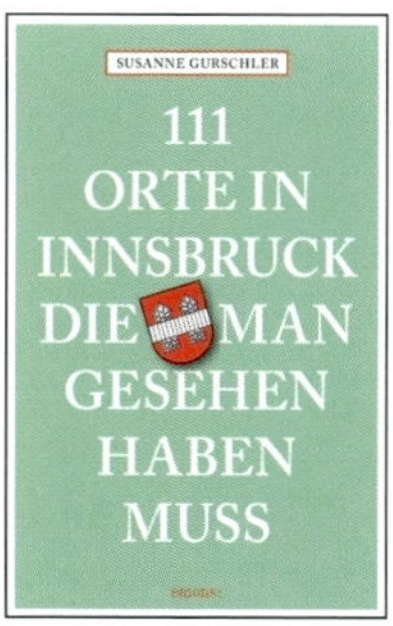

Susanne Gurschler
111 Orte in Innsbruck, die man gesehen haben muss
ISBN 978-3-7408-0343-8

Sabine M. Gruber
111 Orte der Musik in Wien, die man erlebt haben muss
ISBN 978-3-7408-0348-3

Erwin Uhrmann,
Johanna Uhrmann
111 Orte im Waldviertel, die man gesehen haben muss
ISBN 978-3-7408-0346-9

Gerald Polzer, Stefan Spath
111 Orte in der Steiermark, die man gesehen haben muss
ISBN 978-3-7408-0140-3

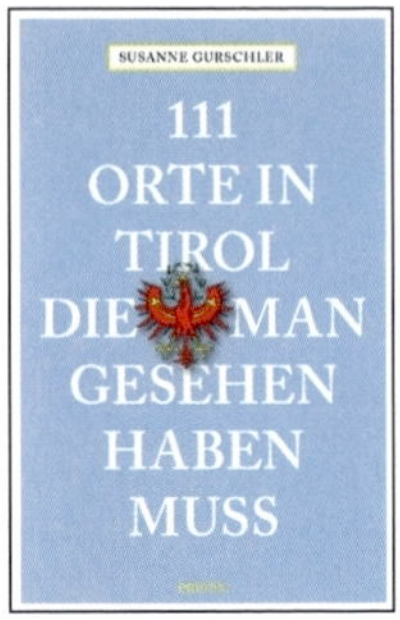

Susanne Gurschler
111 Orte in Tirol, die man gesehen haben muss
ISBN 978-3-95451-834-0

Gerald Polzer, Stefan Spath
111 Orte in Graz, die man gesehen haben muss
ISBN 978-3-95451-466-3

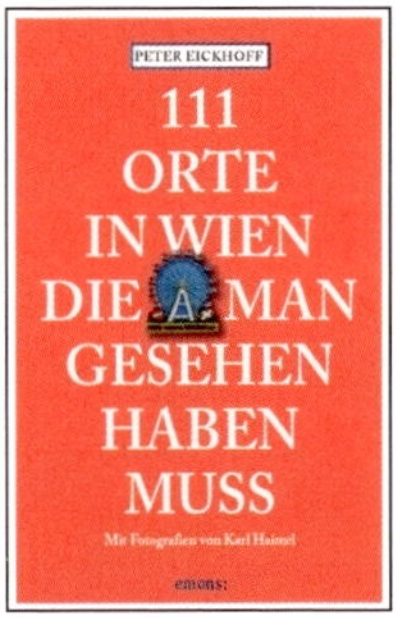

Peter Eickhoff
111 Orte in Wien, die man gesehen haben muss
ISBN 978-3-7408-0746-7

Franz Hlavac, Gisela Hopfmüller
111 Orte in Friaul und Julisch Venetien, die man gesehen haben muss
ISBN 978-3-7408-0575-3

Beate Giacovelli
111 Orte am Comer See, die man gesehen haben muss
ISBN 978-3-7408-1201-0

Thomas Tribus
111 Orte in Meran, die man gesehen haben muss
ISBN 978-3-7408-0443-5

Max Fleschhut
111 Orte auf Elba, die man gesehen haben muss
ISBN 978-3-7408-0587-6

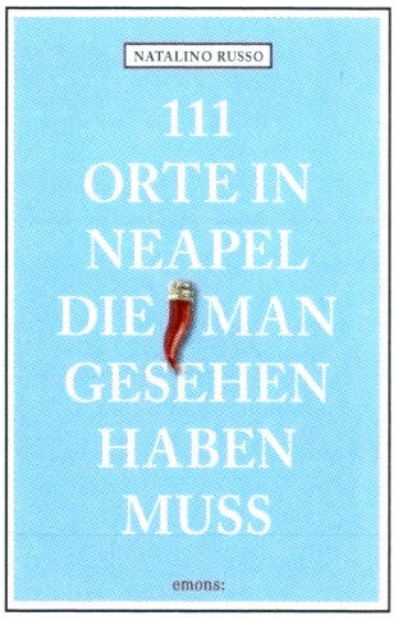

Natalino Russo
111 Orte in Neapel, die man gesehen haben muss
ISBN 978-3-7408-0478-7

Maurizio Francesconi, Alessandro Martini
111 Orte in Langhe, Roero und Monferrato, die man gesehen haben muss
ISBN 978-3-7408-0474-9

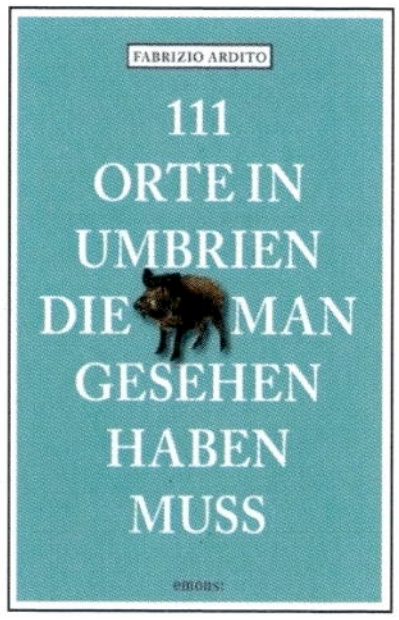

Fabrizio Ardito
111 Orte in Umbrien, die man gesehen haben muss
ISBN 978-3-7408-0238-7

Marx de Morais
111 Orte in Turin und im Piemont, die man gesehen haben muss
ISBN 978-3-95451-736-7

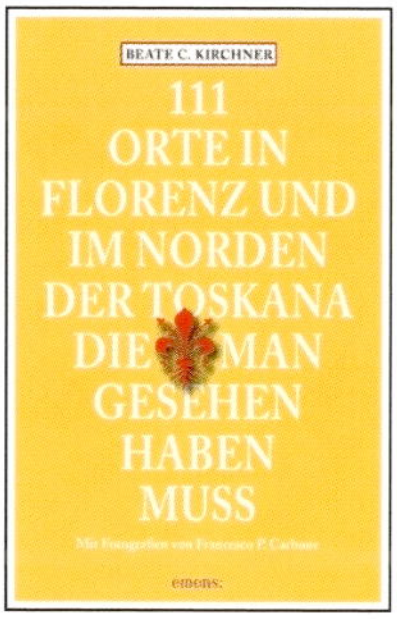

Beate C. Kirchner
111 Orte in Florenz und im Norden der Toskana, die man gesehen haben muss
ISBN 978-3-95451-513-4

Petra Sophia Zimmermann
111 Orte am Gardasee und in Verona, die man gesehen haben muss
ISBN 978-3-95451-344-4

Annett Klingner
111 Orte in Rom, die man gesehen haben muss
ISBN 978-3-95451-219-5

Matěj Černý, Marie Peřinová
111 Orte in Prag, die man gesehen haben muss
ISBN 978-3-95451-927-9

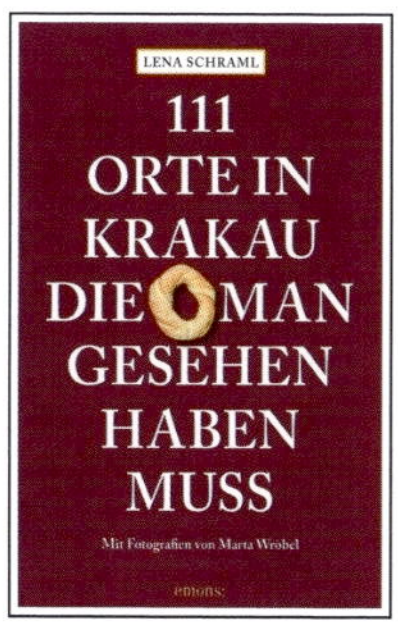

Lena Schraml, Marta Wróbel
111 Orte in Krakau, die man gesehen haben muss
ISBN 978-3-7408-1087-0

Veronika Wengert (geboren 1974) ist freie Reisebuchautorin, Journalistin und Übersetzerin mit kroatischen Wurzeln. Sie brennt für den (Süd-)Osten Europas: Gut elf Jahre hat sie in Moskau, Zagreb, Sofia und Ljubljana studiert und gearbeitet. Mit ihrer Familie lebt sie nun in Augsburg, fährt aber leidenschaftlich gern nach Slowenien – am liebsten mit dem Nachtzug.